一杯会说话的茶

罗智勇 / 著

文匯出版社

图书在版编目(CIP)数据

一杯会说话的茶 / 罗智勇著. —上海:文汇出版社,2020.8

ISBN 978-7-5496-3291-6

Ⅰ.①一… Ⅱ.①罗… Ⅲ.①诗集-中国-当代 Ⅳ.①I227

中国版本图书馆 CIP 数据核字(2020)第 145547 号

一杯会说话的茶

著　　者 / 罗智勇
责任编辑 / 熊　勇
装帧设计 / 力扬文化

出版发行 / 文汇出版社
　　　　　上海市威海路 755 号
　　　　　(邮政编码 200041)
印刷装订 / 成都兴怡包装装潢有限公司
版　　次 / 2020 年 8 月第 1 版
印　　次 / 2020 年 8 月第 1 次印刷
开　　本 / 880×1230　1/32
字　　数 / 150 千
印　　张 / 10

ISBN 978-7-5496-3291-6
定　　价 / 59.00 元

徐英槐,浙江宁波人,中国著名山水画家。1963年毕业于浙江美术学院(今中国美术学院)国画系山水科。为著名山水画家陆俨少先生的高徒,曾受教于潘天寿先生。现为中国美术家协会会员,国家一级美术师,浙江画院画师,享受国务院特殊津贴。

罗智勇诗集有态
歌点名怀憬色彩缤
纷才气横溢颇具
魅力

己亥中秋淳美枕俊

序 一

袁南生

罗智勇的诗集《一杯会说话的茶》，在文汇出版社出版，这是一件非常值得高兴的事情。深圳海天出版社资深编辑黄明龙建议我写几句话，以为序，我欣然答应。为什么呢？明龙既是出版家，也是诗家，智勇写诗，一定有其过人之处、独到之处和精美之处，否则怎么会入明龙的法眼呢？

智勇是湖北阳新人，我是湖南益阳人，一个在洞庭湖之北，一个在洞庭湖之南。要是放在清朝初期，我们就是一个省——湖广省的人，康熙皇帝觉得湖广省太大，将之分为湖北、湖南两省，另设湖广总督节制。智勇和我除了有共同的楚文化背景之外，我们还有不少共同之处：都是企业人，他创立了自己的公司，我则在国有企业工作过 17 年，先后在多家公司负责；都是文艺人，他是音乐行家，自己写词，自己谱曲，我则在益阳市革命委员会文艺创作组从事过剧本创作，写的剧本由益阳市花鼓剧团公演并参加湖南省文艺调演；都是诗人，不过，智勇是真诗人，他的诗诗味十足，我则只是一个爱好写诗、恒于写诗的人；

都同深圳有缘,上世纪 90 年代,他与许多阳新年轻人一样,怀揣梦想,背着一个简单的行李包,踏上南下的路。在深圳,他凭着聪明才智和勤奋努力,考取会计师,开办了自己的会计师事务所,并成立了深圳佳建发实业有限公司、深圳幸福紫荆文化传媒有限公司等几家公司。我则于 1992 年离开中共湖南省委机关,下海到深圳,负责一家轻工业进出口企业。

智勇是一个圆梦的人,更是一个追梦的人,圆梦和追梦的岁月,使他成为一个多才多艺的人,一个将多种不同气质融于一身的人,这很不容易。作为会计人和企业人,要的是逻辑思维;作为诗人和音乐人,要的是形象思维,然而,智勇毫不困难地将诗人、音乐人、会计人、中国音乐著作权协会会员、深圳市作家协会会员……这些身份有机地连在一起,并向人们不断地寻找和展示出"诗的浪漫"。

智勇写诗和我写诗,都会写对家乡的热爱,写对过去的怀念,写对理想的追求,写对爱情的向往,写对不幸的同情,实事求是地说,智勇写这些,确实比我要高出一头。他的诗,亲切自然、空灵生动、连接地气,别开生面。读他的诗,如饮美酒,余韵酣畅;如品香茗,清新爽朗。

最后,赋诗一首,作为对智勇诗集出版的祝贺,并作为序言的结尾。

贺智勇先生诗集出版

一盏清茶文脉长,

诗情如画铸辉煌。

芳华无悔谁寻雅?

智勇有恒自溢香。
犹喜骚坛添锦绣,
更夸艺苑秀新章。
扬鞭快马从头越,
学他李杜不辞忙。

（笔者先后担任中国驻印度孟买总领事、驻津巴布韦共和国大使、驻苏里南共和国大使、驻美国旧金山大使衔总领事、中国外交学院党委书记兼常务副院长、中国国际法学会常务副会长、中国国际关系学会副会长，出版《海外诗草》《海内诗稿》《海风诗韵》《海花诗絮》《海浪诗涛》。）

序二

生活是一杯沸腾的水

陈建平　《中国文化报》首席记者

没有经历过辉煌，就不会有沉重的失落；没有穿越过黑暗，就体会不到太阳的光芒。四年时间，罗智勇完成了人生的又一次蜕变。

长夜痛哭之后，他凤凰涅槃，展翅诗坛，抒写人生百态。滴水穿石，终于在这个夏天，他携处女诗集《一杯会说话的茶》，华丽归来。

让我作序，甚为惶恐。我不擅写诗，亦不懂诗，唯强于他人处，是懂罗智勇。四年前，他劫后逢生，抖擞精神，重整旗鼓，激情进军诗坛。四年间，他痴于笔耕，微信朋友圈，隔天便有新诗分享；报纸杂志，偶见月章星句刊出；音乐平台，时有原创歌曲上线。

他进步之神速，令我惊异。诗的品质如何，留待读者诸君评说。作为媒体人，我感动的是一位诗坛新人锲而不舍的精神，人心躁动的当下，有此呕心写诗者，应为诗坛幸事。

诗集名曰"一杯会说话的茶"，寓意生活如水、浮生若茶，人都会在憧憬、沸腾、浮沉、平静的过程中感悟生命，多数人会选择平淡、归隐田园。罗智勇的人生,却始终在火热的生命之杯中不停跳跃,因为,他的心永远是热的,时刻都在逐梦奔跑。

少年时,面对贫瘠家园,他燃松脂为灯,朝夕苦读,用知识点亮前路微茫。南下后,搏击汹涌商海,他凝心聚力,逐浪弄潮,遂有事业之成就。步入文坛以后,他遍访名师,撷百家之精粹,融阅历之智慧,短短四年便深得诗歌创作之奥妙。

生活是一杯沸腾的水,他亦如那片茶叶,在这水中煎熬,在煎熬中溢香,在馨香过后再入沸水。为了亲人和朋友,他愿意"跳入你的世界/你翻腾 踊跃 热情/用最甜美的歌声/将我的身体和灵魂/一点点地打开"。所有的挫折和痛苦,他咬牙坚持,"我竭力膨胀/伸展成一幅山水画/挡住你忧郁眼神/在你掉泪之前/想让你笑起来"……此句此景,笑中含泪,悲壮激昂,一位勇挑重担、敢于担当的男儿形象跃然眼前。

能成为罗智勇朋友的人,都是幸福的,他会给你满满的正能量。你迷茫时,他点一盏灯,让光明驱散身边的黑暗;你郁闷时,他开一瓶酒,让梦想的翅膀在微醺时翩翩而至;你振奋时,他写一首诗,让你插上翅膀迎着光明遨游天空。

与他交往多年,他总是激情澎湃。唯有一次酒后,他拉我离席,遁入友人视线之外,谈及奋斗历程,泪流满面。疾风骤雨过后,他抹泪入座,一切云淡风轻,继续谈笑风生。

他也有清贫童年。鄂东南的山,不高,却绵延起伏,一眼望不见诗和远方;鄂东南的水,很灵,赋予他血脉中偾张的文气,上世纪70年代却只能渡一叶小舟,到对岸的城市仰望书本中的世界。

"我背上整个夜晚/从县城出发/翻过大山走向故乡/我怀里揣着属于你的希望/用以抵御冷风和鬼妖……"这首《送不出的准

考证》,是农家孩子命运的真实写照。高考前夕,作者给一位因家贫而辍学在家自学的女同学送准考证,恰好碰见她无奈嫁人的那一幕。看着一身红衣的新娘,想着她内心的苦涩,作者的心在泣血,"我惊愕　无语跪在路旁/不敢流泪和责怪你/只能徒劳看着/你走进荒诞世界/掉进无形的宿命"。

与同学相比,罗智勇是幸运的,告别贫瘠走出闭塞的小山村,带着梦想南下深圳搏击广阔天地,考取会计师开办自己的事务所,稳定后接连成立几家公司……楚人"不服周"的血性,融入特区稳健务实的创业精神,他的人生逐步走向高峰。

事业成功以后,他有更广阔视野和深沉思考,去审视少年生活与那个时代。相同的出身,不一样的命运,其实是每个中年人必须应答的考题。10多亿人口的大国,激烈竞争无可避免,对乡村孩子更为残酷。生活是一杯沸腾的水,催促着乡村少年时刻绷紧神经,用加倍努力去改变先天劣势。

牢牢把握命运的航向,罗智勇给出了一张精彩答卷。从乡村到县城,从省城到特区,个中曲折,我无法详知,只能从《李杨桥》《祥子的故事》《锤子和菊子》《清明节》《回乡过年》等一首首描绘家乡的叙事诗里,找出一点端倪。

从乡情、友情,到爱情、亲情,一个"情"字弥漫着整部诗集。这种情,既有《夏日》《酒后》《一次凝望》《别》等小情小调,亦有《阳春三月》《一抹江南》《冬季江城》《没有告别》等山河之爱、故园之恋。丰富的生活阅历,充沛的个人情感,洒脱奔放的性格特征,让他的诗直抒胸臆,情感之泉源源不绝。

流览诗集目录,读者会发现其题材细微繁杂。春天的花,夏天的雨;路口的红绿灯,画中的鱼;一壶老酒,一次垂钓……这些随处可见的景物，他信手拈来，下笔成诗。他的心透亮明澈，可以随时随地捕捉生活中的一点一滴，记录常人视而不见的细枝末节。

所有这些，皆源于他对真善美的向往，对人性的原始探索。在他成长的道路上，有太多值得感恩的人：生他养他的父母，指引激励他前行的岳父、岳母，朝夕陪伴的妻儿，超越血脉之亲的干爸干妈……他羞于口头表达，只能将情感融入诗中，浓情厚意尽在字里行间。

靠着这些情感支撑，他度过了人生最晦暗的2015年。他从不讳言那场股灾对自己的伤害，"站在49层的楼顶/夜色十面埋伏/一个人/与冷酷的黑暗对峙/看不清内心的光亮……"庆幸的是，他战胜了自己，"还是没有跳下"。

人，一旦涅槃，就会超然世外、灵性洞开。他压抑太久的才情突然迸发，飘浮的云，流动的风，身边的花花草草，一切都那么美好。他用一颗赤子般的心，满怀新奇去吮吸每一滴甘露，去抚摸每一棵小草，去寻找角落里的每一株苔花。他早期的诗，正是这种心性的留痕。

四年时间，他源源不断写了600多首，最终入选诗集的近200首，都是精细打磨之作。对待读者，罗智勇是真诚的、善良的，与出版社签约以后，他向文坛大家多方讨教，虚心听取文友建议，昼夜用心雕琢，遂有《雪是一场假象》《生与死之间》《守候一盏灯》《一杯会说话的茶》等众多精品问世。

从初生牛犊不怕虎的锐气勇猛，到长出角来反怕狼的惶恐慎微，对待文字，罗智勇是敬畏的、虔诚的。他以新人之姿谦虚谨慎，对圈内人言必称老师，这也是其作品日益精进的重要因素。

四年诗坛浸淫，罗智勇对写诗自有独到的见解。他认为，写诗，要有痛苦或抑郁的情绪，要有丰沛的感情，要有一定的文学功底。大痛苦，大文章；小痛苦，小文章；没有痛苦，就不写文章。他的诗，多源于此。

此观点或许偏颇，抑或是罗智勇的个人经验之谈，我却深以为然：写诗需要奇思妙想的灵感，循规蹈矩的人很难写出好诗或成为优秀的诗人。在常人眼中，诗人就是一群疯子，不合群时默然无语，遇上志同道合者慷慨激昂，时而对天长啸，忽而垂首泪沾襟。我不擅诗，却喜欢与诗人喝酒聊天，那绝对是一大快事，什么江湖恩怨、儿女情长，都在诗人的嬉笑怒骂中变成文章。

我爱上读诗，也是认识罗智勇之后。他才思敏捷，须臾间能将你的所思所为下笔成诗。你随手在朋友圈发几张早春赏樱的图片，他马上微信推来一首《致樱花》；你刚在酒后抱怨生活的艰难，他马上写出一首《初来深圳之路》；更要命的是，你微醺时流露出对某女生的暧昧之意，他半夜会给你传来一首《乡村旅馆》……

自己的生活能瞬间变为文字，我觉得诗其实很亲切，很可爱。从前懒于读诗，要么觉得高深莫测、晦涩难懂，很费脑筋；要么就是散文的分行，毫无语言精华之美感。罗智勇的诗，写平凡生活，记录周遭琐事，一定会受到像我这样的普通读者喜好。

读完《一杯会说话的茶》，我们能看到一位诗坛新星的率真与坦诚、洒脱与飘逸，作者以质朴的文字、丰富的情感，记录了一代人的青春年华、奋斗轨迹，让我们在若干年之后，还能找回曾经的印记。希望读者通过这本诗集，认识罗智勇，熟悉他的人，读懂他的心。因为，他有一颗激情澎湃的诗心，一双洞彻世事的眼睛，一种为文先修德的宝贵品质。

目录
CONTENTS

序一 　　　　　　　　　　　　　　袁南生／1
序二　生活是一杯沸腾的水　　　　陈建平／4

1. 一杯会说话的茶 　／　1
2. 回眸　缘起 　／　6
3. 你的咖啡收到以后 　／　7
4. 六月 　／　8
5. 十年 　／　10
6. 一次凝望 　／　13
7. 白与黑 　／　14
8. 夏日 　／　16
9. 酒后 　／　17
10. 某个除夕 　／　18
11. 失眠 　／　20
12. 送不出的准考证 　／　21
13. 不敢哭出声 　／　23
14. 回头　你却不见 　／　25
15. 一朵雨花 　／　26
16. 等待 　／　28

17. 凤凰花　／　29

18. 归　／　30

19. 等候下一个春天　／　31

20. 叶子　／　33

21. 徒步　／　35

22. 干爸干妈　／　37

23. 春色　／　38

24. 人生　／　40

25. 一抹江南　／　41

26. 别　／　43

27. 梦　／　44

28. 梦李白　／　45

29. 樱花　／　46

30. 桃花　／　48

31. 春　／　49

32. 雨　／　50

33. 晨起　／　51

34. 冬夜　／　52

35. 华灯初上　／　53

36. 喜欢看你　／　54

37. 或许　／　57

38. 岁月　／　58

39. 曲　／　59

40. 时光清浅　／　60

41. 一世情缘　／　61

42. 烟雨巷陌　／　62

43. 长安飞雪　／　63

44. 窗外 / 64

45. 雪无心 / 65

46. 回首 / 66

47. 冬季江城 / 67

48. 没有告别 / 68

49. 今年第一场雪 / 69

50. 阳春三月 / 70

51. 鸡年元旦 / 71

52. 凝望 / 72

53. 元旦 / 73

54. 窗外树上的那只小鸟 / 74

55. 清明节 / 75

56. 同乡聚会 / 76

57. 席间 / 77

58. 又是清明 / 78

59. 梦醒之间 / 80

60. 致樱花 / 82

61. 穿越千里去看你 / 83

62. 消灭肾结石 / 84

63. 飘忽的影子 / 86

64. 初来深圳之路 / 89

65. 静夜 / 91

66. 叶的一生 / 92

67. 叶里的秋 / 93

68. 相望于天涯 / 95

69. 风,你尽情去吧 / 96

70. 梦里乡野 / 98

71. 春色 / 99

72. 春意 / 100

73. 春草 / 101

74. 出逃 / 102

75. 影子 / 104

76. 初恋 / 105

77. 情人节 / 108

78. 三江缘 / 109

79. 年 / 110

80. 画里的鱼 / 112

81. 所有伸长的脖子等待收割 / 114

82. 与自己在梦里相遇 / 116

83. 风中的沙 / 118

84. 雾 / 119

85. 回乡过年 / 120

86. 醒悟 / 121

87. 又一年 / 122

88. 还是没有跳下 / 123

89. 终于 / 125

90. 乡村旅馆 / 126

91. 初见 / 127

92. 中药赞歌 / 128

93. 一步之遥 / 130

94. 我是一根火柴 / 131

95. 冬天 / 132

96. 风是一个赶路者 / 133

97. 歌 / 135

98. 雨衣 / 136

99. 心事 / 137

100. 从白沙铺站出发 / 138

101. 失眠 / 140

102. 雪花 / 141

103. 花谢 / 142

104. 醉 / 143

105. 静候梅开 / 144

106. 可否记起 / 145

107. 雪是一场假象 / 147

108. 油菜花开 / 148

109. 山泉 / 149

110. 眼睛 / 150

111. 一见倾城 / 151

112. 雪已兵临城下 / 152

113. 立冬 / 153

114. 离别 / 154

115. 你 / 155

116. 静夜思 / 156

117. 徒步在喀拉峻草原 / 157

118. 守候一盏灯 / 159

119. 花开花落 / 161

120. 相逢 / 162

121. 影集 / 164

122. 地下铁 / 165

123. 无奈的中年 / 166

124. 寻觅 / 168

125. 那些 / 170

126. 儿子 / 171

127. 于飞机上 / 172

128. 窗外之见 / 173

129. 两片树叶 / 174

130. 爱无声无息 / 175

131. 散步 / 176

132. 良宵 / 177

133. 天鹅湖 / 178

134. 毁灭或重生 / 180

135. 迷路 / 181

136. 在七夕的月光下跳舞 / 182

137. 爱了就爱了 / 183

138. 放任的倔强 / 184

139. 一壶老酒 / 185

140. 倚剑天涯 / 186

141. 月圆之夜 / 187

142. 中秋的雨 / 188

143. 你踮着脚尖 / 189

144. 华子 / 190

145. 那年 / 192

146. 生命的隐语 / 193

147. 无题 / 194

148. 被美丽伏击 / 195

149. 邀请 / 196

150. 飘落 / 197

151. 秋夜的月色在叩窗 / 198

152. 秋色 / 199

153. 苦酒 / 200

154. 重阳 / 202

155. 读你 / 203

156. 过红绿灯 / 204

157. 额济纳的胡杨 / 205

158. 在一场秋色里同醉 / 207

159. 一棵树苗 / 208

160. 梦在低处 / 210

161. 锤子和菊子 / 212

162. 祥子的故事 / 215

163. 诗人和吸血鬼 / 218

164. 所见 / 220

165. 我落足的地方 / 221

166. 指尖的浪漫 / 223

167. 枫 / 225

168. 幸福的紫荆 / 226

169. 天鹅 / 227

170. 远方 / 228

171. 你爱我吗 / 230

172. 你累吗 / 232

173. 薰衣草 / 233

174. 赛里木湖之爱情 / 234

175. 巴黎 / 235

176. 蛤蟆对喜鹊的申辩 / 236

177. 银湖垂钓 / 238

178. 520 听 / 239

179. 你是谁 / 240

180. 李杨桥 / 242

181. 2019年的股市 / 248

182. 只为你等候 / 250

183. 磁铁 / 252

184. 一壶浊酒 / 254

185. 与冬天相遇之后 / 256

186. 与秋天相遇之后 / 259

187. 与夏天相遇之后 / 262

188. 与春天相遇之后 / 265

189. 生与死之间 / 267

190. 你要来了 / 271

191. 你来了 / 273

192. 你来之后 / 276

193. 到来之前 / 278

194. 当我抵达 / 280

195. 抵达之后 / 282

196. 潮湿地带 / 284

罗智勇：误入商圈的诗人 ············· 刘大创／288
罗智勇：饮下一杯会说话的茶 ········· 甘利英／292

1. 一杯会说话的茶

之一

其实　我是一片叶子
历经风雨沧桑
蜷缩成小小的颗粒
把唯美的爱情
在颗粒的折缝中精致隐藏

只是一刹那
我跳入你的世界
你翻腾　踊跃　热情
用最甜美的歌声
将我的身体和灵魂
一点点地打开

我回归现实
重新变成一片叶子
那香气浓郁　那情愫决堤

一段苦在所难免
这与大自然的契约

是的　我只是一片叶子
是的　你只是一杯水
我竭力膨胀
伸展成一幅山水画
挡住你忧郁眼神
在你掉泪之前
想让你笑起来

之二

相遇总是猝不及防
一不小心跳入你的世界
偷偷沦陷

你纯净又温暖
我随你的歌声浮动
释放不知所起的苦涩
你用一种极为娴静的姿态
将我饮下
品尝风赋予我的浓烈
离开枝头的无奈
如此真切

从此

我的故事与你相关
从此
我在一杯水的深处观望你
不敢追逐
不敢表露
滋味小心翼翼地溢在水里
偷偷收藏
近近远远的你的影子
水里我独影阑珊
岸上你身不由己

之三

秘密靠近
你突然绽放的笑声
来不及说喜欢
唇上　爱情还未曾碾压
胸腔苦涩填满
冬夜的梦寒冷彻骨
只有血管滚烫
血液流动　焦灼无声

请让我呐喊
大声呼喊你的名字
声音传得比思想更快
回响催开院里的梅花
思念被一语道破

而爱情的深度无法丈量
只能　于夜深之时
煮开梅上的雪　泡一杯茶
那茶会说话
告诉我如何抚慰自己

之四

一片漂浮的茶
吸纳着夜的疼痛
漂浮在无边的黑暗里
茶听从于水的呼吸
无奈而弱小　弱小而无奈
隐藏的故事源于怯懦
托着的身体失了颜色

靠在门闩开合之间
企图找回　当初颗粒饱满的灵魂
躲不过的疼痛
躲不过你留下的伤痕

水和被沸腾的绿色
已一起远行他乡
失了灵魂的叶子
害怕最后的遗弃
努力将肉体紧贴杯壁之上

用残存的呼吸
追寻水的痕迹

被无情地丢弃
是无法逃避的宿命
谁还记得
那已没有颜色的叶子
曾经
也是一杯会说话的茶

2. 回眸　缘起

清风来得突然
裹挟你的甜蜜
拂过喧闹的席间
停歇在某个转弯之处

那低头时的一缕羞涩
被一朵浅笑掩藏
酒窝里白鹭惊飞

回眸　缘起
屋外满城烟雨飘洒
屋子里的三月
春天正酣

3. 你的咖啡收到以后

昨夜的咖啡
悄悄煮沸梦境
醒来　书桌上谁的旧诗
那诗关于一曲短笛
关于海风中的一袭长裙

你寄来埃塞俄比亚的旷野
那里的种子随海浪抵达
被水唤醒　沸腾
以阅读的姿态
把心底的温度
一点一点地
漾开　绽放

味蕾吻遍异乡的高贵
春天就此决堤
诗在咖啡煮沸的梦境里
一泻千里

4. 六月

六月的门扉叩响
我悄悄启程
那环绕天山的远行
只为寻找一对恋人的眼泪
在他们离去之前
那眼泪已积攒成湖

那是六月九日
我徒步在赛里木湖边
传说有多壮美
山花就有多烂漫
湖面澄澈
水与天　如火如荼地相恋
炊烟袅袅　毡房点点
看牛羊如云
天边诗行漫卷

那个六月
果子沟的薰衣草

塔里木与草原
被我装入行囊
重温　一遍又一遍

5. 十年

1

时间很短
只不过夏天到秋天
只不过叶青到叶黄

时间很长
十年前　夏日青涩一吻
十年后一睁眼
看见　岁月已在你眸中发黄

2

一次猝不及防的遇见
一个礼貌性的微笑
无法阻止
心中飞蛾扑火而去
情节之内

玫瑰散发暗香
在笑声和泪水的隐秘地带
深陷

3

红酒和音乐
叩开心门
我们赤裸裸地走进烛光
真诚互为
彼此的倒影

4

艺术之都
维也纳音乐殿堂
你曾在那
用音乐洗礼过灵魂
哈尔斯塔特湖
倒映你曾经的爱恨
一个夜晚意外失控
黑暗中　爱与车
同时倾覆在悬崖

5

你与体内的八块断骨

一起重新生长
那夜　酒精是最好伴侣
催化过往成泪
我唯一能做的　是聆听
那爱与痛相伴的声音

6. 一次凝望

霓虹轻浮躁动
路人来往　夜色惆怅
冷眼里的繁华
尘世绝望喧嚣

终于　用千年等来一次凝望
你的笑在一个春天里
长出了芽
方寸心扉
滋生的情没有尺度
爱在时间的缝隙
任性生长
那一眼已生根
那芽已成林
那林已生风
那风奔向天涯
席卷你我的红尘

7. 白与黑

总是在夜足够深时
灵魂被过滤得干净
于是　对着茫茫的黑
说着白的秘密

阳光下　树影斑驳躁动
如迷茫音符
演奏的无章故事
风太过强硬
荒草飘零　却坚强如铁
于肆掠里倔强生长
窗台下的小菊花疲惫
仍保持干涸笑容
等一场久违的雨……

这些有趣的　或无趣的
我一点不留
全部告诉你
当我在醉与醒里交换呼吸

我愿告诉你
关于白与黑的所有事情

希望可以让你看见
我伪装的成熟里的幼稚
我故作矜持里的天真
希望让你知道
这一切与年龄无关
与沧桑无关
与爱有关

8. 夏日

晴空不止万里
置身幽谷清潭边缘
仰望　峰峦叠嶂
高耸在云端

低头　溪流温柔潺潺
鸟语和花香互相惊扰
林风演奏夏曲
藤蔓与树缠绵

一盏香茗浓郁
绿光里佳人蹁跹
这夏日闲情
趣致无限

9. 酒后

位于解放路的电影大厦
四楼的 K 歌 1 号
几瓶劣质的酒
如千年的妖开始蛊惑
几个兄弟集体酝酿亢奋
音乐加速血液流淌
年久失修的心
重新开始了幻想

时间在夜里叛逃
沦陷于原始的洪荒
在城市的角落如狼嘶吼
反复拨弄内心的本原
酒后的肢体失去了规律
在 KTV 的沙发上杂乱横陈
那夜
我们回忆又失忆
直至晨光唤醒走失的双眼

10. 某个除夕

某个除夕
立于露台之上
瞭望从思念中走失的北风
如檐角零落

不能在誓言里迷离
刚刚燃尽的烟花
收集了天空
所有关于绚烂的记忆
层云眉头紧锁
烛光点亮心事
黄昏告别渺小
千言万语
在唇齿间踌躇

一封信正在赶路
把白纸黑字的儿女情长
秘密告白
墙上笼子里的喜鹊

被美德禁锢了半生
去路茫茫
只好与自己的名字相依为命

11. 失眠

一首少年时代的歌
从午夜的收音机里出发
引领我
又一次回望青涩
当年年轮稚嫩
如生命力异常顽强的野花
趴伏在那土墙之上
开着无知无畏的繁茂和枯萎

当年的风笛意气风发
律动不知疲累
与躁动的事物一起翩翩起舞
悸动的心
充斥缺乏免疫力的幻想

在如今不惑之年的夜晚
那陈旧的旋律
仍旧无法消弭
仍旧使我迷失
仍旧使我失眠

12. 送不出的准考证

我背上整个夜晚
从县城出发
翻过大山走向故乡
我怀里揣着属于你的希望
用以抵御冷风和鬼妖
零乱的脚步
踩碎黎明之前路上的黑

那是高一下学期
你从学校回山
你说　母亲长年卧床
父亲在山里摔了跤
你说你要回去照顾
离开之后　你的课桌
孤独立在教室的角落
隐隐作痛

我总能看到　那素洁的裙角
在山上的竹林里默默流泪

你像一株倔强的小草
被贫困的土地裹挟
我几次去看你
你说　在家自学
你说　要一起高考啊

山路总是这么长
风中　凌乱的衣服如翻破的书
唯一完好的口袋里
有你的准考证
我一直按着它
保护好你的希望

踏完所有的黑
村口热闹非凡
鞭炮烟雾里
你一身新娘的红
身旁是从牢狱出来的村支书儿子
我惊愕　无语跪在路旁
不敢流泪和责怪你
只能徒劳看着
你走进荒诞世界
掉进无形的宿命

13. 不敢哭出声

风声渐渐平息
独行　一如往昔
往事披着月光
被千言万语围困

带着花香的雨
是漫天飘洒的精灵
那常常被风撩拨的烟柳
在掌心黯然销魂

一切看似触手可及
直到用完所有的惊喜
仍然如此遥远
泪水　唯一能感动的只有自己
在一首老歌里
等候下一世的你

灰色压抑着沉默
寂寞与光影并肩

我心漂泊于苍凉
岁月苍白了两鬓
颓废的影子蹲伏在墙角
漆黑的夜疼得停止呼吸

14. 回头　你却不见

花开了　花落了
一生恍若只有一瞬
昨日　执手相望两依依
今宵　人去楼空杳无踪
泪涌如泉
坠入咸咸的夜

曾经的葱茏岁月
无言的青春
黑夜叩醒记忆
指尖温习柔情
曾经同窗温书
在后山牵手
如今　山还在
回头　你却不见

15. 一朵雨花

今夜　在雨里
掌心向着天空
一朵雨花　惊醒回忆

注目凝望
那曾经湿漉的青春
隔着雨　隔着黄昏
隔着风　隔着苦涩
依然看到　你在雨中哭泣
依然看到　你的萧瑟背影

我曾经如此任性
任一朵朵雨花　淋湿你的发际
淋湿你的心扉

后来　在一条旧巷
等风
等雨
也等你

却再也没有遇见
当初的那朵雨花
只留今夜
在雨里　与记忆相互凝望

16. 等待

等待　在牵手的路口
风微微地吹
思念裹在风里
让清风告诉你

等待　在牵手的路口
雨沥沥地下
倾慕化在雨里
让春雨告诉你

等待　在牵手的路口
泪悄然滑落
苦涩融在泪里
让眼泪告诉你

等待　在牵手的路口
问风　问雨　问泪
我狠狠地踮起脚尖
想问你究竟在哪里

17. 凤凰花

是骄阳还是火焰?
凤凰花张扬
混淆得奔放　热烈

那凤凰羽似的叶
朱砂红的花
惊艳　充满了诱惑
一抬头
那满目的妖娆
无法拒绝
任流年沧桑
它仍自开自谢

18. 归

雨打孤窗
人在凭窗望
风来过
雨来过
唯独你没来过
窗外的雨一直下
我在窗下剪烛光

19. 等候下一个春天

还记得吗
你说　等小城下雪了
我们一起去看吧

一个冬天过去了
窗外的雪正纷纷扬扬
愁绪凌乱　寒冷漫长

你早已离去
如今　那深邃眼神
瘦削脸庞
只能通过雪进行回忆

雪一直没有停歇
苍白的是　我孤独的影子
你看
雪花多么像你
美丽轻盈　没有方向
我伸出手去

等待下一个春天
落在掌心的雪
已化成春水的模样

20. 叶子

最初的一片
探索世界时羞涩　怯懦
于是闭上眼睛　专心长大
细胞裂变　可抵御寒冷和黑夜
可分裂出
灿烂的黎明

它冲出了黑暗
这世界如万花筒
鸟儿颜色鲜艳　誓言迷人
蝴蝶迷恋花香
阳光透射泉水
蜻蜓点着春光
叶子看见
美好事物
正一层层打开

但是叶子慢慢变得孤独
花开花落去

云舒云又卷
孤独由绿变黄
秋风写下一首诗
见证它盛大的离别

叶子自有宿命
隐形的翅膀
从大树的肩膀滑落
自由留在最高处
孤独苍凉豪迈
化作泥土

21. 徒步

晨起
笔架山的小道落满朝阳
漫步
林间的空气清新美妙
山上的一些花红了
被绿色的树过滤的风
可以吹走任何颓丧

用山泉一捧
清洗心里
一些角落的尘埃
生命便在阳光下散发芬芳
于是　在山水中放逐灵魂
回忆前尘旧事
它们起起伏伏如风吹麦浪
那宽宽窄窄的路途
如此坦荡的更替
在低谷时坚持从容姿态
在高峰时保持微笑

任西风
把滚滚红尘藏进云浪

22. 干爸干妈

亲情如酒　香味绵长
温热漫在心底
克服冬季的单薄

人间总有种爱
超越了血脉
无声牵挂　潺潺不息
如今夜因缘相聚
岁月亲为见证　别样善良

从叫第一声爸妈开始
跪下去的膝盖里
亲情滋生　宛若血缘
在心底流淌成美丽的乐章
光阴流逝
我们一路默默相守
熬出岁月的沉香

23. 春色

夜色融融
如果你想
可就着这满园春色
饮三两杯
或持书半卷
沉醉于满页墨香
那眼眸便有葡萄酒的光亮
如风情郁金香
拿指腹轻绕高脚杯
我的神思开始跟着摇晃
你自醇厚浓郁
味道正蛊惑潜意识
在味蕾的帮助下
浓雾弥漫你的眼睛
红霞催化你的脸庞

我以孤独呼唤
以瘦弱的精神渴求
那融融夜色

那春色满园
都流入你的嘴唇　滚烫

24. 人生

如果人生
短暂或漫长可以随意假设
那么
从青葱到两鬓染霜
就可以如此简单

你总要经历复杂的事物
生活蜿蜒曲折时
可以轻轻抬头
看那阳光拨云而出

欣喜暖意洋洋
浅浅踏足　岁月深处
冷暖低低细语
这长长的修行
唯有知足可以抵抗彷徨
心怀慈悲善待岁月吧
于起落时保持灵魂的干净
宠辱不惊
脚步轻盈如佛

25. 一抹江南

若与爱的人
来一次远行　爱会自然生长
最后的水乡
乌镇　仍如旧时缠绵

黛瓦　白墙
小桥下　流水总是温柔
梦萦魂牵的烟雨
还在你的眼底　朦胧

许多的流年已经暗换
世事荼蘼沧桑
桨声灯影　却沉寂千年
江南　还是随处可见
古朴的秀气　典雅的精致
是一种归宿
是那文人骚客的　永恒缱绻

只须站在　一片青石的街角

那长巷映现
一位诗人笔下　悠长的雨巷
那个结着丁香般愁怨的女子
一把油纸伞下的幽叹
正与我们擦肩而过

漫步在小巷里
漫步在悠长的叹息里
这一抹三月里的江南
曾有多少情爱往事

而柳丝里的长风千古
你端庄如西子
水面上　情歌传来时
我触到　你指尖的温暖
乌篷船里
青梅往事
宛如初见

26. 别

相逢短
相思长
回眸之时
鼻间淡淡你幽香
瞬间缘聚
掌心轻握　温暖时光
暖心的问候
传递着芬芳
蛰伏指尖　轻拨心弦
痴缠　别后是凄凉
百里之外
眼朦胧　浅张望
满心惆怅
别离总落寞
如何掩藏悲伤
天涯离歌曾断肠

27. 梦

明月清

清风徐

浅眠的梦

文字如此忧伤

思念满纸晕染

素笔笔尖划过

千回百转

梦里熟悉又遥远

愁绪满怀

寻寻觅觅的过往

怦然心动的瞬间

梦萦魂牵

半卷墨香勾画

道道思念

行行温暖

步步沧桑　走遍

梦里辽阔大草原

28. 梦李白

月夜寒凉
冷月静无声
风吹叶落
荒草漫孤城

万里塞北边疆
追寻千年的悲凉
在尘封久远的历史记忆里
流年的角落
经年的烟尘
犹见
诗仙李白
独一人
豪迈独饮　轻轻吟唱
梦魇附身　恋月痴缠
迟缓的脚步
于水中追月
经久的愁情
随落花飞扬

29. 樱花

阳光里初绽
花雨里纷飞
一季又一季
樱花固执精彩轮回
那些粉红热烈
雪白奔放
层层叠叠的流光
在紧密相拥的春光里泛滥

只需轻盈的风
樱花就可自由飞翔
生命的舞蹈灵动
那天地绚烂时
你离去的背影也变得夺目
生命总在
最辉煌时凋谢
这是一种枯萎残酷的美
绽放或凋零同样惊艳
若有人奏起古琴

自闻悲喜
送这樱花一程

30. 桃花

三月并没有什么新意
桃花从不改变花季
它遵循自然的规则
柔情缱绻泛滥

北溪村有一片桃花林
春风吹开足足十里
喜悦站立枝头
花面楚楚动人

那掩面的人
比春天还要款款
此时
请赐我悠悠箫声
让我醉在
桃和你的千年绮梦里

31. 春

晓露与最初开放的花朵痴缠
从花的角度眺望
第一眼
你在熙攘人群里
红色裙裾飘扬
羞涩的微笑往往更楚楚动人
心跳加速不可控制
那半遮着面庞的弹琴女子
指尖如桃枝在弦间跳跃
那撩拨让我颤栗
春天真的来了

32. 雨

雨浅浅地落
敲打着窗台
那声音无限温柔
细细地润了思绪

那倚着窗的人
静静地听
雨一滴一滴地敲
于是
心也润了

33. 晨起

迎着朝阳
沐着清风
漫步在青山碧水间
花的芬芳渗入肺的深处
泉的甘甜征服味蕾

云卷了　云舒了
这让眼睛愉悦的事物
被它带领感受悠闲
感受岁月
感受静到虚无的世界

34. 冬夜

清冷的风低低地吟唱
月亮比其他的季节朦胧
痴心不改的人
在寒夜里
守望风花
静候雪月

当月色和花香同在
你淡妆如梅
满目的欢喜
在时光的弦里
婉约成诗

35. 华灯初上

一股清冷的幽静里
灯火正阑珊
窗口适宜遥望
那月满西楼
那华灯初上

说不清情究竟有多长
它与天地依傍
温暖又从容
生命的喜悦飞翔

让我与你爱的供养
把你装在心房
岁月再长
地老再天荒
这思念持续暗藏
这情比所有的夜长

36. 喜欢看你

1

喜欢看你
在雪里浅笑的样子
如梅在幽谷开放
不惧寒冷的傲气
没有尘世的媚俗
握住你的手
握住一种高洁飘逸
悸动在所难免

2

喜欢看你
春风里专注凝眸远眺
柔软妩媚
没有一丝张扬
我与那清丽对视

心涌如潮
于是
在你经过的路口
我种下了一棵桃花
花开时等你
花落时等你

3

喜欢看你
飘扬的裙角
摇曳了风
灿烂了夏天
如幽谷里洁白的九里香
眉眼从来没有忧怨存在
那种清澈明亮
哪怕擦肩而过
便再放不下

4

喜欢看你
纤指拨动琴弦
随音律飞扬
宛如委婉的枝蔓
在秋雨里延伸
于是

在你经过的路口
我撑起油布伞
风起　我在风中等你
雨落　我在雨中等你

37. 或许

一曲清歌韵律柔软
在心间响得幽长
沉醉零散往事
剪断一缕念想

柳又开始飘絮
在微醺的雨季里飞舞
青梅又可煮酒
岁月再度婉约
或许
我已真的将你遗忘

38. 岁月

飞花逐水
叶落随风
与岁月相牵
花开不喜
叶落不悲

于蹉跎里背起行囊
或悲或喜
风雨兼程
或繁或简
心怀感恩

寄予岁月以善良
岁月还你以美好
寄予岁月以希望
岁月还你以温暖
于岁月里
静静地爱
慢慢地悟

39. 曲

曲
清澈
悠长而古朴
禅意几许
荡涤尘埃

曲
牵念
芬芳又遥远
思念几缕
萦绕脑海

曲
乡愁
几回梦里出现
音符宁静
尘陌悠然

40. 时光清浅

人人都在漂泊
进行一场遥远的独行
反复千百遍寻觅
被岁月温柔围绕

而这道路混沌
指引的灯影摇曳
就一壶酒
一把琴
于暮色里吟唱
趁年华清浅
诗意未休
继续追寻　远方的远方

41. 一世情缘

岁月生长如沉香
浓熏爱慕
漫卷流年
千百次寻觅的路口
灯火数回阑珊
人影再也没有出现
默然独立
曾经的誓言消失无声
这一世情缘
黯然

42. 烟雨巷陌

回眸　转身
嫣然一笑
醉了的眉梢

漫卷书香
一壶浓茗
丰盈的笔尖

烟雨巷陌
勾起悱恻
勾起我们书下怅惘

43. 长安飞雪

古都的第一场雪
扑扑簌簌
似一场盛大的梨花
那姿态妖娆
降落静谧
浮尘消失于城墙之上

或许真的有仙子驾临
携我梦回汉唐
那婀娜盛世
如今深沉静默
如一片雪花
轻轻停在肩上

44. 窗外

雪花点缀枝头
轻盈若蝶
屋内
炉火燃烧正旺
烹雪煮茶
吟诗作画
窗外的雪
飞进屋内　落在纸上

45. 雪无心

雪是结晶的水
有了重量就飞向大地
那飞舞的状态
让一些灵魂　盛开如六角花朵
其实
雪并没有心
却
仍禅意清绝
将天地进行联系

46. 回首

回首　转眼
我们手牵着手
已走过二十三个春秋

因为懂得真诚
懂得玫瑰的意义
才能拥有安宁与平和

时光如沙
在指缝中滑落
如雪尘缘浅藏
时光的回廊里
伤痛风干在无垠的星空里

身处逆境
你赐予我逃离泥潭的勇气
心陷忧伤
你温润我所有的孤寂
感谢你
来到我的生命里

47. 冬季江城

不动声色
落寞如此安静
覆盖整个城市
眉头浅淡忧伤
随着冬日跫音飘落

晨雾满城迷漫
被寒风吹乱
黄鹤楼目光深沉
看长江水滚滚东流
看江滩的芦苇漫舞

后来　这江城的冬季
暖阳洒落一地
把凛冽孤独融化
我找到一些角落
气韵生动

48. 没有告别

敌人的汽车呼啸而过
橱窗对面的你　刹那倒下
呼吸消失　鲜血凝结
生命如此脆弱

没有告别
我的痛彻骨
敌人的枪口还在等待
瞄准的靶心里
我的痛在最后的时间里
从眼中涌出

没有告别
不能告别
如今　只有你亲手织的毛衣
还在我身上　如此温暖

49. 今年第一场雪

今年　粤北的第一场雪
终于来了

雪花明明有六个棱角
舞姿却圆润
占据了整个天空
久别的温柔满盈

我迎着寒风
触摸那些精灵
任由它们在我身边撒娇
清冽的气息充盈
那种味道纯洁美好
我摊开掌心
握满雪的温柔
心内温度　感化雪花为泪

50. 阳春三月

桃花妖娆
明艳了整个洛阳
暖风徜徉
桃枝漫过红色宫墙

有沉鱼落雁
亭亭玉立于梯上
柔荑小手拨动风筝的线
也拨动了墙外的看花人

那一颦一笑
引了多少人回眸
发梢上的花朵
在桃枝般的身体上摇晃
那个女子可能名为蘘荷
吸引我
走过水的另外一方

51. 鸡年元旦

翘首东望
那悄然抵达的新年
晨风捎带着腊月的清冷
挤过窗楹的缝隙
探望我的行踪
在脸上留下　年月的划痕

回首
曾经的路斑驳残破
行走并浅吟低唱
风霜与阳光相互礼让
宽广与狭隘彼此包容

如今
徘徊在鸡年的起点
只见
阳光渐渐明媚
来自地平线的灿烂
刹那倾满心间

52. 凝望

嘴角的弧度里
扬着的风虔诚
发鬓耳角挽留厮守
青春的记忆里
相惜浓稠
执着凄楚
遗憾随风弥散

岁末的今天
在记忆里漫步天涯
我们并不曾
在时光里再次相遇
唯有凝望
再次定格某个青涩瞬间

53. 元旦

岁月悠然
乍然春暖　乍然冬寒
阳光雨露流转
梦里梦外　暗香浮动
紫陌红尘　缠绕辗转

脚步不曾停歇
于生活里倾轧
得意或是失意
都随风而去
被岁月淹没痕迹

如今
又站在崭新的路口
播下希望的种子
期待风雨适度
可在五彩斑斓的梦里闲庭信步

54. 窗外树上的那只小鸟

夜雨中挣扎飞翔
浮尘里行走
它为夜色增添了微光
于停歇处
折叠起五彩翅膀
在僻静角落安放身体
轻轻隐藏

而今天
它展开所有五彩梦想
划过黑夜的五线谱
脱离树枝
朝黎明飞去

55. 清明节

千里之外
泪淌成河流
动车长鸣一声哀伤
驶向荆棘荒凉

于碑前肃穆
冥币化为火焰
鞭炮无法唤醒长久的沉睡
倒酒
与您作隔世的长谈

那时
您常坐在古老的河边
那一幅定格的慈祥肖像
如今在祖屋的墙壁上微笑
三叩首之后
我开始诉说怀念
并洗去碑上的尘埃

56. 同乡聚会

乡音回响　怒放
温暖从地面开始升腾
同乡没有嫌隙
坦荡豪爽　饮尽回忆
和岁月流光

我们皆有源自仙岛湖的清澈
异乡的游子
在南方的夜里拥抱
乡音吟唱豪壮
光芒和黑夜在体内
互相包容
鼓励成长

57. 席间

席间
儿子问他外公
您怎么不吃牛肉?

八十岁的外公说:
小时候放了一条牛
杀牛的那一天
牛一大早就流泪了
去屠宰场的路上
牛的眼泪一直在流淌
……
外公说着
眼眶渐渐湿润了
七十年过去了
他再也没有吃过牛肉

席间
儿子沉默了
他的筷子
再也没接近那一盘牛肉

58. 又是清明

在故乡的日子
被我拆散
少年的时光
大部分散落在田野和祖屋
或后山那片稀落树林
少数被我带到了南方

越来越无力的双脚
于清明的行程里沿途寻找
拾起曾经的自己
和遥远的回忆

爷爷曾背着我翻山越岭
去城里看病
掉满山路的汗水
被白发的奶奶在溪边洗掉

种在后山的那棵槐树
繁茂的叶子如昨日

清明总是有雨
那是后世洒落的怀念
碑前那些枯萎的微笑
和膜拜的双膝
让思念再一次变牢

59. 梦醒之间

夜色如此冷漠
黑暗辽阔无边
在它坦诚的深沉里
我无法逃入睡眠
它将我卷向清醒的崖边

这漠漠的红尘无涯
但是　理智的悬崖自有边沿
玫瑰的情愫都藏在刺里
我将那刺　喋血叠放胸前
然后小心翼翼
在黑暗中　寻找往事

曾经的月华如玉
那场樱花雨风尘仆仆
我在那刻和你相遇
却没有迷津　只有温暖

可是　我还来不及欣喜

肆无忌惮的风
就把你的笑吹得　曲终人远
看　这潇潇的红尘无涯
我已坠入　决堤的柔情
无惧相思的危险

如果有幸不在悬崖跌落
请让我走失　在你消失的某个朦胧夜晚
就像有些玫瑰　注定消失于风
有些苦楚　远远不止是等待

而长夜又一次到来
影子对壁如崖
你仍是我每个夜　戒不掉的温柔
我还在你的笑里逃亡
路上　梦或醒之间
你和月华一样如玉
悬在樱花之巅

60. 致樱花

猝不及防
一夜间满树浅笑
无叶皆花　堆如白雪
那积聚了一年能量
只为十余天的璀璨
樱花
已开始为春天报幕

它血统高贵
在原野与我邂逅
美得勾魂摄魄
寂静无声
占领我的心房

春风骤然激荡
温暖势不可挡
我站在樱花树下
回忆泪如雨下
与樱花一起感叹
那曾经的春日情殇

61. 穿越千里去看你

携一身刺骨寒冷
深一脚　浅一脚
穿越千里去看你

雪飘着不知疲倦的等待
空灵的风在喘息
指腹试抚冰冷嘴唇

你曾经的吻还在
摸着心口为你祈祷
你从山崖坠落的伤
快些愈合

灯晃着最后的希冀
推开天山脚下小木屋的门
终于见到你
你惊喜转身
狠狠的拥抱里
我们听到冬天的种子
在土壤里重重呼吸

62. 消灭肾结石

你善于潜伏
藏匿在鲜美的食物中
逃避咀嚼式的搜查
潜入我的血脉
在我体内汇合
晶体物质的团伙
形状奇异　肆意侵略

我的血肉对你温柔以待
甚至给你生存空间
并加以供养
你日益壮大
没有灵魂的棱角
任性施加伤害
疼痛　流血

我开始调查
你曾是钙　是草酸
或是尿酸、胱氨酸组成的团伙

这侵略者必须消灭

一条秘密通道已经建起
机器人部队纵深推进
超声波武器将你击得粉碎
这身体的战役
终于告一段落

63. 飘忽的影子

1

孤独染绿北山
铺满曲曲折折的梦
飘忽的影子
忽明忽暗
笙箫奏响在陌路
唇边喑哑
来不及道别

2

追不上春风
隔着一纸空白
那么近　又那么远
你的香还留在风里
我独酌一盏青梅

3

于清风明月下
点燃掌心的烟火
用以填满黑暗
光阴瞬间寥落
荒芜一肩繁华后的苍凉

4

半窗的风雨淹没
渐行渐远的背影
隐秘于山林荒径
黑与白　从此无法交替
尘风摇曳
相思翻山越岭
呼吸云的气息
在最高处　停止追随的脚步

5

伏在淡淡的墨香里
翻着小河、小桥、草地
笑声叠起的日子
藏在每一寸画里
你的痕迹如此清晰

绿色迷失在春季
院落　一地繁茂的荒芜

6

飘忽的影子
似你的一米阳光
千里之外
微笑也风尘仆仆
总能给我一种感动
平淡如烟火素笺
无法言喻　无法企及
你早已走远
只留下飘忽的影子
我呼吸的沉重
起于金秋　繁在暮春

64. 初来深圳之路

一张百元大钞
贴得离心很近
和一些理想
一种对希望的追寻
一起藏在心口

那是去远方唯一的盘缠
我在拥挤的人群
总试图用手心触摸
就如试图触摸
村口母亲孤独的背影

疲惫不堪的火车
把祖屋甩在身后
掠过仲夏的原野
不停地喘息　停靠
车轮滚滚向前
风声萧瑟
一种兴奋却在潜伏

过一天就将要揭晓
那高楼大厦的风景
并将臣服于艰难
致力　将希望兑换成现实

65. 静夜

静坐
在时光的门楣
聆听
生命的年轮
眺望　遥远的彼岸
不慕繁华
不言沧桑
用清澈文字
和一曲美丽夜晚

66. 叶的一生

    稚嫩的时候总是怯生生的
    从枯枝上探出
    风还带有寒凉
    绽开　伸展
    稚眼里
    世界已斑斓
    蜻蜓在点水
    花儿在跳舞
    游人享受迷醉
    叶子孑然
    它是这世界的映衬
    一季繁茂过后
    它飘落　无声无息

67. 叶里的秋

碧云天
银杏金色遍地
一叶里的颜色
随着风
随着季节的韵脚
把秋天拉得很长很长

而大树躯干仍伟岸挺拔
俊美无比
叶子已黄得玲珑
风骨独特清奇
阳光有着奇异的金粉
跳跃在叶脉之上
秋色漫天飞舞
卷起的诗行璀璨

流年清浅
你呼吸轻盈
在秋天里优雅漫步

心变得柔软温暖
而这孤独依旧
在曾经热烈的地方
思念　仍如此熟悉

68. 相望于天涯

回望流年
一份相遇的缘
桃李满天下的您
慈祥随和
如一抹熙阳
融化寒冬最后一抹雪

生肖二轮　岁月凛冽
您随着秋风
落叶般安详离去
我的泪夺眶而出
满心尊敬与怀念

冬的第一场雪
为您的离开到来
您枯萎的身躯
刻在朦胧的记忆中
从此
天人永隔
相望于天涯

69. 风,你尽情去吧

让风与风的思念
在秋夜穿越千里山峦
穿越万条河流
向远方的
魂牵梦萦,而去

让风与风的柔情
在秋夜穿越记忆栅栏
穿越千寻尘埃
向曾经的
刻骨铭心,而去

风,你尽情去吧
去你曾经飘零过故事的街角
擦干纷飞在眼角的泪花

风,你尽情去吧
去你曾经缠绵过的温柔指尖
重拾徘徊在心房的记忆

风,你尽情去吧
因为 现在是你的季节

70. 梦里乡野

远离尘嚣
躬耕乡野
任耳畔清风
与泥土嬉戏

田埂上
笑声逐着花语
一股暖意盈怀
遗落在身后的脚印
被春雨一遍遍雕刻
变成田垄的模样

71. 春色

南国的三月
南风盈窗
枝头春意绚烂

卷帘推窗
春色涌入眼帘
芽已破土
花已明艳
一朵挨着一朵的心事
一瓣藏着一瓣的朦胧
鸟鸣生机曼妙
突然的想念
从心里冒出　疯长

72. 春意

风最先开始邀约
陌上浅青　渐渐浮现
埋藏了整个冬天的事物
开始萌动
细雨里
那初生满心喜悦

有花开了
又落入泥
那土地里的春意更加明显
不需再提笔
那词句和颜色都徒劳
因为　那可是春天

73. 春草

春雨从来不会沉默
绵绵不绝的喜悦有声
酝酿过长久的冬季
那还存活着的生命力
从土地里升出
睁开蒙昽的眼

雨和雾在冷眼旁观
它们预知那根须
终于迎来无拘无束的时刻
当一些草都抬起头的时候
那才是真正的春天

74. 出逃

以诗和乐为媒介
你我同居在一片尘埃
想在你落足的地方
进行一场约会

而风的线条粗劣
炊烟越过门槛
你裸着的足踩过河流
那无声的出逃比风还安静
裙角和云越来越远

我来晚了
你的背影把诗沿路抛弃
世界的意象寡淡
尽管它曾是心灵之酶
可以引领灵魂的摆渡

如今
人间的烟火

变成分行排列的思念
那味道在舌底下偷偷发酵
你出逃之后
光阴很瘦　很长
如那湾你踩过的河流

75. 影子

影子总是被忽略
却仍在坚守
在有光亮的地方
立马出现

如黑暗里划亮一根火柴
影子也不错失
哪怕周遭一切模糊
影子的阴影却十分明显
它是一个沉默的追随者
唯一要求回报的是光
随光的消失而消失
那光如爱情
那影子
如你身后的我

76. 初恋

1

那是花季
你静坐在校园的草地上
纯白上衣和干净牛仔裤
唐诗宋词
在阳光树影斑驳中吟诵
微风里我向你靠近
你抬头的瞬间
明眸如星星闪烁
在我心里注入一股清泉
那清泉流淌
最初的甘甜

2

台中庄严的礼堂里
讲台上的你自由如风

纯白T恤加裙子
闪烁智慧光彩
你手持获得金奖的论文
从容站在掌声里
我看着你眼里的光亮许下誓言

3

许多的日子
你穿梭在台大的图书馆
那知识的海洋令你神往
我的痴情可笑
我的书信多余
我努力收敛
心灵的碟机里
青春的懊恼单曲回圈

4

那是一个秋天
你回的粉红信笺
似蝴蝶飞入我掌心
拆信的手
如此迫不及待
我们终于再次相遇
唇有了触碰
灵魂开始交汇

5

相恋的日子太短
终止于父母之命
那命令如山崩海啸
你于那时逃离
眼角飞起的泪
连成一根漫长的藤蔓
却再也不在我的大树上攀留

77. 情人节

孤独了一年的玫瑰
在这一天变得香气袭人
那招摇过市的红色
将爱情和欲望的颜色混淆

繁华都市里的花瓣
如何潮湿情人的眼睛
那香浓的语言
向曾经的伤口献酒

这夜的烛光里
人们并不清楚相聚的理由
欢娱需要借口
或许此夜之后
真有人能终成眷属

78. 三江缘

相见
一段文字的距离
一个眼神的流转
一场意念之战
发动毫无悬念

在文字里疲累奔跑
在音乐里狂乱穿梭
这快乐原创
这愉悦肆意

乡音站立于
我们共同的起点
幸好　你我记忆的戈壁
残存有些许温暖
于是　三江缘里
故乡与天涯同在

79. 年

复兴号如祖屋放飞的风筝
轻轻一拉
我纸质般的羞愧
便坠落于故乡的土地

所有的树落光了叶子
黄土地正在过冬
蔬菜披着白霜
酝酿独特的甜
泥土的房子和钢铁的房子对峙
见证那村落的演变

相同的是门上的对联
那希冀的形式从未改变
鞭炮让村庄充满喜悦
除夕
围着篝火的男女老少脸色红涨
熟悉和陌生的声音里
少年的影子已消失

中年的自己
刻意融入

80. 画里的鱼

或许经过千年的辗转
我们才相逢于同一片水域
唐诗宋词里的华年
悱恻缠绵
任往事风化成沙
与你在时光里静守
任岁月作序为画

相随　比肩
游过千年的江南
在水乡里定格
看那烟雨飘过亭阁
听那桨声高歌繁华人间

你眼睛里蓄着整条河流
说
你看　有人画下我们
他用泪研磨
红色画你　灰色画我

我们相携的岁月
如今　已在他的纸上
得到永恒

81. 所有伸长的脖子等待收割

于 2018 年的末端
怅然若失回望
开端还是结束并不明朗
身后的脚印深深浅浅

喧嚣与寂寥
荆棘里会开出花
故乡曾掏空行囊
吸血鬼善于欺骗
那被股市洗劫一样的烦恼
诗和远方遥不可及
失败的黑暗萦绕

还是要微笑前行啊
在年轮的节点
挽起同行的每一个人
麦芒在月光中提炼硬度
把软弱收藏
那岁月锻造成弯弯镰刀

我们伸长脖子
对着 2019 年说:
收割吧!
那些脖子优雅成弧

82. 与自己在梦里相遇

缭绕的烟花深处
一个背影如此熟悉
轻轻拍打
回头的原来是自己
那自己和自己的第一次相遇

梦的眼睛
瞩目着孤独者
劳碌与死亡让人恐惧
在脆弱墙角哭泣
撕裂沉默
肉体与灵魂相互否定

每一次逆风行走
每一次泥泞跋涉
丛生荆棘上惊雷滚滚
只能与自己的怯懦握手言和

与自己在梦里相遇之后

痛骂了自己
也对自己进行了赞许

83. 风中的沙

用一片叶子去抵挡暴雨
其实只是想
如何洗尽内心铅华
用一杯烈酒醉一辈子
其实只是想
在喧嚣尘世得到宁静

暴雨急促有序
那些集中的好声音
不择手段地
渗入身体的骨缝
而风正吹动沙
在现世里把自己唤醒

晨光重新照耀
被暴雨清洗过的星球
一语道破
前夜的那杯烈酒
心　再一次无能为力
像风中的沙

84. 雾

雾是水的朦胧形态
在山峦河谷里缥缈
在森林和大地上弥漫
掩藏着
洞悉秘密之眼

我喜欢看雾里的你
迷蒙的影子
靠近一点
就清晰一点
清晰一点
就欣喜一点

等到头发有骨头的硬度
等到骨头有水的柔度
等到水有雾的宽度
我便准备好了
去寻找你
用一生的孤独和执着做盘缠

85. 回乡过年

车轮风驰电掣
衣衫飞舞
路在身后拉长
归途在北

篝火舞跳了起来
乡音满溢的歌
穿过田野、河谷与炊烟
单薄的心雀跃
年味在锣鼓声里开始擂动

大年三十
鄂东南的乡村
古树的枯根在旧祠堂里燃烧
房前屋后堆满笑脸
自酿的谷酒飘香
年糕印满花纹
时间从未褪色
我已再次归来

86. 醒悟

黑夜是一扇半推半就的门
十分擅长调情
霓虹灯投在门上
放纵的光影
晃动得不安分

总是轻易融入夜色
任酒精浓度
催促荷尔蒙发生变化
灵魂总向肉体妥协
身体开始放浪形骸
在声色犬马的毒药里沉沦
夜色退潮之后
发现　年久失修的心
早已残破不堪

87. 又一年

父母渐渐衰老的容颜
隔千里之外
仍在眼中浮现
沉迷衣锦还乡的执念
一个号码是所有的牵念
千言万语在喉部哽咽
被生活磨平了棱角的壮志
被乡愁撕开了裂口

心门被亲情打开
一路向北
缩小的故乡渐渐放大
在父亲的点燃的鞭炮里找回记忆
母亲坐在门槛上
分辨那回乡人的脸
我走了过去
贴近她
顿时心安

88. 还是没有跳下

站在 49 层的楼顶
夜色十面埋伏
一个人
与冷酷的黑暗对峙
看不清内心的光亮
看见了黑暗的裂缝
赤着脚的心
总是走不到尽头

剥开沉默的黑暗
疼痛　哭泣　呼喊
熟悉的面孔无数次闪现
想起那首未写完的诗
眼前浮现远行少年
和零落故乡的样子

一束光芒照向我
在寒星的俯视下
隐藏了真实的意图

于是

在高处来回折返

颓丧与生机对视良久

终于

决断所有非念

那一天　2015年6月19日

我决定

继续与自己相依为命

89. 终于

只有在安静的午夜
他才像一个真正的诗人
逃离资产负债表
逃离 SMT 车间线路板

以前
总在虚假微笑里推杯换盏
以前
总在 KTV 里徒然嘶吼
惶然穿过白昼和黑夜

只有在安静的午夜
他摆渡灵魂
确认了终极理想
那就是做一个干净的诗人
摒弃物欲横流里的贪婪
在一种朴素里繁复交替
终于　他找到一支笔
在一个安静的午夜

90. 乡村旅馆

两个贴着黑夜的耳朵在游荡
无奈的身体陷在柔软的床
睡眠被偷走
听到蚂蚁爬行的声音

敲门声很轻
隔壁的思念表述清晰
游荡的耳朵在冬夜里
被吹进一股热辣的风

那风急烈　不舍停歇
两面孤立的墙
并未阻断某种音符
那音符太过复杂
吟唱的喉咙干涸
于是　我为自己倒了一杯水
一饮而尽

91. 初见

那夜
与一抹软香初见
温玉般的暖意
不动声色游进了血管

十里长红铺满
那是你来时的路
咏赋苍白无力
内心的灯火
身上的锦绣
在一个夜晚分出轨迹

双手合十
掌心里你的名字
用白水晕开
已经相忘于江湖
只有你的每一寸肌肤
那触感仍铭刻于记忆

92. 中药赞歌

那涩和苦悠长
穿过唇齿抵达喉咙
泥土色的瀑布
沿着食道急流而下
在胃里渗入身体深处

你实行一种潜移默化
混合朴素的草木精华
进行隐忍修复
让身体的伤渐渐逃逸
你是花蕾　是子实
是叶片
是根须
你是皮骨　是器官
是矿物
是动物和植物与泉水的汇合

你是一种神圣的洗礼
经过最沸腾的煎熬

你成为一种民族的传统
一种历史的精华

93. 一步之遥

你的名字
在笔下凝固成字元
那种熟悉不停重复
不曾倦怠
一根隐形的线维系风筝
只待深冬过去
于春风里起飞

知道吗
我一直盘坐在光阴里守候
等待一步之遥的你归来
一起看风筝飞舞
为你的指甲涂满蔻丹

94. 我是一根火柴

谁的人世
不像一根火柴
划亮微弱的光
投入浩瀚的尘世
那夜空博大
黑暗无边

而我唯一的光芒微小
只能煽动文字为风
续上音乐的燃料
小心翼翼地维持燃烧
哪怕那光再微弱
也要照亮
我存在的空间

95. 冬天

冬天里的身体
急需阳光进行救援
在黑夜里收紧衣领
和风一起停了下来

我将自己放牧
在你曾路过的地方
枯草压于舌根
香烟被牙齿扎疼
一吸一亮的思念
在夜空里分出了深浅

这一行行萧瑟的冬天
悲伤光芒闪烁
只有你可以拯救
因为
你就是我冬天里
唯一的温暖

96. 风是一个赶路者

遇见你
我所有的言辞落魄
仓皇穿过后巷的树
被你的目光扶起

那时
你刚从异国归来
学有所成　衣食丰盈
我相形见绌
只有一颗贫困的文心

我们是如何开始谈起文字
在同行了一段长路之后
两个并排的背影
又是如何交错

可是
那一转身竟然是一生
风只是一个赶路者

丝毫也不留恋

细雨湿润你留下的每一个脚印
我对着手机痛哭
只有照片可以怀念的伤痕
任何一片天空也无法表现
风只是一个赶路者
我抓不住它
如同抓不住你

97. 歌

诗与曲的相遇
造化出奇迹
还需那些动听的声音
和深入肺腑的情感
将这一切糅合
歌就诞生了

唱吧
那歌
可以让孤独发出声音
可以让倾慕变得勇敢
可以在午夜里重复
可以在岁月里循环

98. 雨衣

迎着雪山的冷风
沐着草原的细雨
我一脚泥泞
进行一次漫长的徒步

我向自己发起挑战
与枯萎的心展开一场对话
冰粒渐渐袭来
雪山白了头发
仍能感受你的温暖
你裹紧我疲劳的躯体
给我保护和勇气
陪伴我将大地踩踏

99. 心事

一段寂寞心事
无人知晓
随着花瓣破碎
忧伤遍地飘落

躲藏在黑暗中
思念漫过墙角
落叶堆积
玫瑰红得惊慌
或许
你仍在淡淡微笑
如月
明亮夜空的底色

100. 从白沙铺站出发

列车无数次从这里开始
和一些细小的光芒一起
穿过山峰
追逐远方

一些旧念在发黄的纸上安放
被时间钉在祖屋的墙上
抬头看时
有墨迹沿壁而下
流淌感慨和悲伤

曾经弯曲的日子
泥泞的小路
如今被一条铁路穿越
月台上音乐回响
"白沙铺"站
是根存在的地方
不管去了多远的远方
这里仍然点着一盏灯

指引你归来的路
照亮你奔跑的方向

101. 失眠

夜快醒了
仍在寻找栖身之地
黑暗是一枚无形的针尖
扎痛某根神经
悄然苍老的心
被孤独剥开

灵魂挣扎于沼泽
艰难保持善良天真
爱穿透骨骼
将岁月挤裂为碎片

曾经的困境如崎岖山川
仍然感恩命运的馈赠
不为失去怅然
抖落遍身尘埃
于失眠的清醒里出发
云水里得禅心
自由又自在

102. 雪花

今年冬天
那一场雪很大
每一片雪花
都是爱的使者

雪落在你的屋顶
落在你的窗台
请你推开窗吧
让雪花
落在你的睫毛上

请你相信
你和雪花一样可爱

103. 花谢

入夜时
长风起
古街巷边
花飘落飞卷

寻往事
浅吟唱
蝶舞花间
手中青枝软

唐诗简
宋词纤
暗香疏影
泪盈满眼帘

104. 醉

砖红色的年轮
在高脚杯里摇晃
那妖娆味道
是来自法兰西的异域风情

你高擎酒杯
眼神迷离
红唇吐出的烟圈缥缈
于灯光下
情绪疯狂扭动

至今
仍不确定那醉是否真实
后来
孤独压住了城市的夜色

105. 静候梅开

冬夜
北风压着嗓子
席卷大地
没有离开的意思

我在寒夜里守望
静静等待梅花盛开
等待一场久违的邂逅
在花开时到来

只是
后来的夜晚
互相凝望的
却只有梅花和我

106. 可否记起

偶然相遇
一路泥泞的风景
篝火曾映红笑脸
友谊之花盛开

很想说
感谢你们曾经出现在生命里
江湖如弦
友情奏响高山流水
那简约音律
记录下曾经的远方
记录下一起流着泪的笑

时光从指缝中溜走
将过往渐渐稀释
谁辉煌了谁的记忆
谁还遥望那些曾经
多年以后
那些笑面早已模糊

快乐却还一直清晰
你们可否记起

107. 雪是一场假象

雪在飞
雪是一场假象
将我流放
在边缘之地
那边疆遥远
你标注的界限清晰
风的脚步凌乱
爱情是一匹亢奋的马
被雪覆盖了声音

而雪是一场假象
不及你的眼睛晶莹
那睫毛苍白如羽
轻轻飘下
一些落在地上
一些落在心里
后来
那小心翼翼留下的痕迹
在某一个路口
被一场来历不明的风携离

108. 油菜花开

油菜花开得金黄
遮掩其他初生浅碧
那食物源头的香气浓郁
弥漫整个田野
熏染整个春天

你曾在那花海里起舞
金色的年华
热烈的笑意
那青春绚烂
容易滋生爱情

或许　我们还曾牵过手
当我们路过那片油菜花地
是的
当初　风把花海卷起波浪
是的
当初我们狠狠呼吸

109. 山泉

或许
你本是冬天的雪
穿越阑珊时光
开始在山涧穿行

穿过纠缠藤蔓
淌过沉默树根
赋予夏日雪的清凉
和冰的澄清
在一些山的深处
让一些生灵依存

或许
你是爱的源头
滋养万物
哺育大地

110. 眼睛

你是我眼里神秘的弦
五线谱重叠
拨动的旋律纷乱
没有恰当词语吟唱

而我的眼睛不能逃离
哪怕已经接近地平线
哪怕前面一片空无
我也不能逃离

哪怕眼睛迷茫无力
哪怕动人夜曲缺席
哪怕弦如枯枝折断
我的眼睛
还是不能从你的世界逃离

111. 一见倾城

爱上一个人只需一瞬
惊鸿一瞥时
一切便已注定
如月注定圆缺
如泪的源头
注定只能是眼睛

那一见若水穿尘
心中万马奔腾
巨浪击打海岸
世界大雨倾盆

因你的一次回首
我决意留在汹涌红尘

112. 雪已兵临城下

经过一夜集结
雪已兵临城下
占领屋顶和石桥
那些洁白的往事
悬而未决

风是流动的卫兵
试图搅乱雪的阵营
而雪的阵势浩大
它是冬天的王
试图将整个世界抹去
幸好
土壤毛孔绵密

113. 立冬

只是一个节气
如期到来
寒冷仍然简单
锋锐隐藏

时间是一把黑色的刀
刃如冰凌
切割春秋
剖析赶路的日子

不能让秋天回头
冬日正摸黑赶路
一抬头
春天却已不太遥远

114. 离别

秋天还很远
一些叶提前衰老
开始回归大地的旅程

你早在夏天的时候离开
那时
绿光遍布
花开着一瓣一瓣的不舍

或许
正是你的离去
我的苍老
也提前到来

115. 你

你淡淡地微笑
由远而近
携芬芳盈步而来
那种素雅有种光泽
将灰暗点亮

如果可以
请让我听到你的心跳
倾听你的呼吸
在你的胜雪白衣里寻找时光
读一些关于怦动的诗句
写一些字
关于读你的体会

116. 静夜思

孤灯长夜
思念漫卷
依稀有暗香
踏夜而来

那月色弄影千里
昨日也曾遇见
墨蓝的天空纯净
有朦胧花影
影印夜的脉络
轻启幽微画卷

117. 徒步在喀拉峻草原

于最美的季节
怀着最欣喜的心情
开始一场千里之行
与一个六月深情相拥

那绿色草地没有边缘
花开成大海
天低得触手可及
云白得如羊群入圈

我仰起头
试图去吻蓝色的天
立足草地和天空的接壤边缘
那呼吸坦荡
那情思缠绵

身体变得轻盈
在一条河谷逆行
那雪岭上的云杉

讲述古老的寓言
最后
在喀拉峻的草原上
与一些骏马和繁星
一起入眠

118. 守候一盏灯

隔着月光分割的水岸
有一扇窗户
窗户里有一盏灯
灯下有人伏在案边
那人挥动素笔如武器
直至夜深

我时常遥望那盏灯
为它而心动
守候从来不是为了拥有
总有些情感和风月无关

当那扇窗开启的时候
有人在窗口眺望
等待撒进的第一缕阳光
或是落下的第一抹月影

每当灯光点亮
我知道

有一些文字正在那灯下诞生
那些文字让人温暖

119. 花开花落

最美的遇见
或许应该是在最好的年龄
在恰当的时间
与同样风华正茂的人
用一个眼神订下盟约
使一瞬成为永远

那种年岁
快乐可淹没所有悲伤
思念必须及时兑现
不可衷肠婉转
那最初关于爱的序言
和花开花落一样
花开　一瞬
花落　成泥　成尘
成永远

120. 相逢

那时清风十里
叶是词
花开成诗的模样
你的呼吸自带芬芳
在我的世界弥漫　流淌
心动在所难免

情话总是不够恰当
枝蔓在你的手里挥扬
我妒忌那枝蔓

于是
我写下一阕诗行
你读
清澈眼眸里升起婆娑
有些东西在文字里疯长
还好
在那次相逢的时候
我找到了灵魂的暗语

使我们彼此
再不相忘

121. 影集

山泉的音律飞泻
瀑布的舞步纷乱
树在摇曳
风在呼唤
曾经　眼里的山野
如今被装进相框

那林木蓊郁　烟雨朦胧
花叶葳蕤　青雾弥漫
那沟溪里晴晴雨雨
涨涨落落　反复变幻

如今
收录这一切的影集
藏于房间的某个角落
偶尔翻开
回忆灿烂

122. 地下铁

分开以后
我才恍然察觉
所有的语言
已全部被你带走

是的
我只能沉默
一颗心
在地下铁你转身的时候
就陷入了沉默

如果地下铁的时光可以逆行
我将倾听自己和你说下的话
尽管
我的身体已然独自前行

123. 无奈的中年

书与人间烟火
还有往事一起相拥
风起　清喜
雨落　撰诗

风霜洗礼过的岁月
是人生的底色
也曾受伤　假装坚强
无奈也好
失意也好
自己收藏起来
不能对周遭造成惊扰
微笑越来越少
有时忍不住悲戚
在夜深人静时　蠕动嘴唇
哼一首无字的歌
那生命的路上
中年人彷徨
却不敢放弃　不能摔倒

只能用孤独修篱种菊

待它晚年绽放

124. 寻觅

寻觅
寻觅一把素琴
坐在你对面的桥边
为你弹一首思念
能否
拨动你内心筝弦?

寻觅
寻觅一本好书
坐在你的床前
为你读一篇爱情
能否
激起你心中漪涟?

寻觅
寻觅一首长诗
坐在你孤独黑夜
为你颂一段希冀
能否

停泊你遥远旅程?

寻觅
我走走停停地寻觅
希望为你
寻觅一个可以停靠的据点

125. 那些

那些感动刻骨铭心
经历过狂风暴雨的记忆
无论多么老旧
依旧停留
停留在最初的遇见
那些记忆里
一定有满树繁花
一定熟悉花的香气
一定目睹过花的落下
一定有颠沛流离的苦难
那些记忆
无论生命长短
也会穿过惊涛骇浪
在某个深夜将你呼唤

126. 儿子

用尽男人的倔强
想按住眼睛里
海水的咸涩
终究溃堤

低头
泪滴到足尖
抬头
没能躲过你稚嫩眼神

看到你成长
看到你单薄背影
在奋力奔跑
那一刻　发现久别的变化
那一刻
只想尽全力地拥抱你

127. 于飞机上

SU39 航班

圣彼得堡至莫斯科

飞行时间 18∶40—19∶57

18∶40 准时起飞

19∶57—20∶45

飞机还在空中

看不见道路

在云彩里不停穿行

忽然想到一位徐姓的诗人

赶赴一场心仪的讲座

突然想起 MH370

至今未曾明朗的消息

……

20∶45

飞机终于落在结实的大地

掌声雷动

128. 窗外之见

窗外
有藤蔓缠着树枝
它们的恩爱漫过栅栏
朝着太阳的方向不变
那晒得温暖的树和藤蔓

我不知道那藤蔓和树的名字
也不去求得答案
就如不再回头
让风将回忆再次掀开

窗外
藤蔓的空气多么清新
雨露多么甘凉
我伸出双臂
手心的世界悄无声息

129. 两片树叶

十字路口的风很大
两片落叶
是清洁工手下的漏网之鱼
它们被任性的风
沉默地推出很远

它们一片红得深一些
一片红得浅一些
如两只跳动的蝶
被气流卷动
纠缠
那又怎么样呢
秋天就要过去
这旅途　说散就散

130. 爱无声无息

指尖的岁月滑落
回首逝去的韶华
过往
那一场场修行无悔

流沙里的时光
曾有一眼精彩入心
在那种下一株红豆
意念的篱笆开启

你用眼眸里的清泉灌溉
那种守望揉碎所有孤独
我们都沉默
不知道等待的是谁

最后
一颗红豆缀在枝头
我们谁都没有采摘
任它变成永远的样子
爱无声无息

131. 散步

影子压着影子
笑声伴着笑声
话赶着话
心暖着心
穿过公园的草地
穿过集市的地摊
来到了十字路口
红灯禁止前行

你说我们要禁止后悔
要爱就要爱一生一世

132. 良宵

曾经
我在一片油菜花里迎接你
那仪式金黃
你用甜美的声音奏乐
那乐如浓烈的酒
催化了整个花季

奇妙啊
我们的身体
长出一朵朵玫瑰
那夜
我们共用一双湿漉漉的翅膀
在青色的大地上飞翔
花朵摇晃
从不止息

133. 天鹅湖

千年的经典
穿越波罗的海
皇族的王至善
闲猎天鹅湖畔
天空遥远　大地苍茫
天鹅湖畔　暮色降临

人生初见
奏出最美的一弦
王子与公主　脚尖合舞
白色的天鹅纯洁
而魔鬼在微笑
夜色充满罪恶

王子泪眼朦胧：
奥杰塔公主
遇见你
再也不羡仙

王子等待
在天鹅湖畔　黄昏之前
黄昏之后
公主被巫师诅咒
邪恶的黑天鹅
骗取了王子的爱

幸好
上帝揭开真相
利剑斩断邪恶
王子和公主
皇家宫殿　天上人间
爱情繁花似锦
锦绣光年

134. 毁灭或重生

生活
嘲弄曾经的热血
那热血的歌如今苦涩
在嘶哑的喉咙里堵塞

生活的藤蔓
黑压压地爬满窒息
在一条逼仄的小路
被疾驰的愤怒碾压
不能后退
那位置残酷
身躯被冲击
毁灭时
梦里灵魂狰狞
不敢问　余生
是否还能重生

135. 迷路

一条路的分岔
藏于宽阔的树叶
我走着
憧憬那些树组成的曲折
来不及领取岁月的道航
额角就已抽穗出白

在一条路上
暗藏春夏秋冬的疲惫
试图看到
那腰杆仍然挺直
那远方仍与蓝天连接
当我的脚步遗失
那分岔无法选择方向
我已不再强求
要找回那丢失的路牌

136. 在七夕的月光下跳舞

七夕的月光
是织女手里的霞彩
无法确定
鹊桥上是否已呼吸缠绵

而风和叶在摇曳
我在月光下跳舞
假借唐时的诗
宋时的词
为这夜晚吟唱着色

想必
那鹊桥上情话温柔动人
而我只管跳舞
伴那朦胧夜色旋转

137. 爱了就爱了

相守每一个季节
我们约定
要直到白雪染鬓
要踏过所有青山
看遍长河大海
聊尽春夏秋冬
最后
我们离开
素衣从简

如今　于红尘里追逐
若无你在断桥边
松下清琴无味
皓月无颜
爱了就爱了
那灵魂相悦
于尘埃里比肩而立
执手同看年月余载

138. 放任的倔强

雨湿了眉
风吹乱衣肩
要怎样的身手
才能在风雨中放任
倔强挽留徘徊

我的文字失去了分寸
水墨的旖旎渐行渐远
词里已没有
关于柔情的影子
那倔强在一张旧照片里泛黄

如今
我指尖的香烟
偷偷灼伤流逝时光
每一个夜
都被放任填满

139. 一壶老酒

春去秋来
花开花落
咫尺天涯　缘起缘灭
不如趁着这月明星稀
酌一壶陈年老酒

那愁绪挥洒
宣纸上
经年往事婉约
我们早转身
早在陌路迷失
连珍重都来不及说

这一场梦浮华
曾经的一吻地老天荒
如今独自苍茫
只有那壶老酒
仍然流淌在血脉
激起的记忆依然清朗

140. 倚剑天涯

静立沉默街头
那落叶飘零
那萧风凄楚
回想前尘过往
于凶险的渡口
泪默然千行

遥想相逢于江湖
我于华山之上
求得论命运之剑
趁酒尽情挥舞
不计较成败
伴不语星月　伴不言清风
只待杜康散去
千帆过尽
重新独步江湖
倚剑天涯

141. 月圆之夜

月亮又圆了
与思念一起
在天空升起
愁绪在树梢摇晃
那影子手捧美酒
琥珀般的液体倒影寂寞

已经无法回忆
那月亮曾经圆缺了多少次
趁酒泼墨
墨里一层一层的
是我的思念
酒里一袭一袭的
是你的影子

曾经的那种美丽静谧
在月亮再一次圆了的时刻
涓涓地在心间流动

142. 中秋的雨

中秋了
这个清亮的时节
雨下得渺茫
那水滴安静飘洒
开始累积寒意
勾起残缺的凄美感伤

在中秋时节的雨里
眼睛和心都变得潮湿
淋透的身体和灵魂
卸下夏日的浮躁
喧嚣不乱于心
优雅穿透时光

143. 你踮着脚尖

你踮着脚尖
尽力向上
只为闻到树上的花香

你踮着脚尖
尽力向上
只为吻到爱人的唇角

你踮着脚尖
尽力向上
只为更加靠近阳光

你踮着脚尖
尽力向上
你踮着脚尖的一生
没有后悔与惆怅

144. 华子

华子喜欢喝酒
喜欢不醉不归
同事枫哥也喜欢喝几口
城北的小酒馆
两瓶二锅头　几碟小菜
口里唤着兄弟
侃得义气冲云

华子年轻帅气
情商极高的理工男
混迹各式酒吧
真假虚实　总能猎得女孩芳心
枫哥最喜　在酒时听华子的故事
若华子沉默
枫哥的酒　就没了滋味

那天　华子生日
酒已酣　朋友渐渐散去
只有枫哥还留在 KTV 的包厢里

于是华子绘声绘色讲述
枫哥倾听　满目艳羡
华子卖醉
拿出手机分享女孩们的照片
枫哥的脸渐渐黑暗

后来
公司出了一张公告
进了派出所的枫哥
和进了医院的华子都被开除

后来
华子才知道
其中的一张女孩照片
曾经是枫哥的挚爱

145. 那年

那夜那歌那浅笑
那场漫天风雪
那人那事那温暖
沉醉其中不想醒来

只是如今　看千帆过尽
积寂寞成歌
曾经的擦肩而过
背影已渐行渐远

只是
那年那月那日
那心痛如冬雷震撼
在一个深夜的拐角处
风中拭泪　雨中哭泣
直到离歌在街头消散
依旧独行

146. 生命的隐语

那最初的秋
夕阳的颜色辉煌
甚至染透大片海域
与海平面融合交织
徐徐沉下

那光芒融入黑夜
去往另一个世界
而我在这片天地
矗立海的西岸
见证那光芒引领
生命的隐语
他已无数次明阐

147. 无题

　　　　笔耕诗韵
　　　　婉约的墨痕
　　　　浅浅地唤醒新的细语
　　　　散发出文字的馨香

　　　　浅唱清曲
　　　　美妙绝伦的旋律
　　　　轻轻地呼唤
　　　　凄美的爱情
　　　　爱的秘语
　　　　隐喻斑斓的缘起

148. 被美丽伏击

站在海边的山峦
膜拜自然
被晚霞、海风和绿意包围
瞬间被美丽伏击

于是在草丛上躺下
被清冽的空气包围
满目的白云里
我不想动弹

我知道
蓝天正在远处亲吻海面
暮色的唇边妖艳
我接受那美丽的伏击
任它将我埋葬

149. 邀请

　　我珍藏了一首诗
　　一首很美很美的诗
　　想对你发出邀请
　　请你陪我去到海边
　　在红树林边的长廊漫步
　　请你和我一起
　　感受海风的温暖
　　请你和我一起
　　看那夜幕赶走游人
　　万物回到各自的忧伤
　　请你将你的疲惫
　　依托在我的肩上
　　那时
　　我将附在你的耳旁
　　为你
　　把这首诗轻轻吟唱

150. 飘落

月亮多么淡啊
星星越来越稀了
残留的风卷着叶子
秋的眸光里
城市的影子光亮

我低头
闻秋天的味道
相思漫山遍野飞舞
梦里泪湿眼眶
我想知道
那叶子飘落的方向
就如想知道
你现在停留的地方

151. 秋夜的月色在叩窗

于秋天的夜里
坐在临窗的桌前
陷入空白的沉思
任思绪飘远

而月色在叩窗
映入孤独的心田
那秋的笔尖
一笔一画
勾勒出你的模样

那模样婉约如画
青涩　可爱
秋天的夜里
叩窗的月色似雪
轻寒里还留有微暖
在窗下的我细碎地念
一遍又一遍
直到月色凝成霜花

152. 秋色

秋风如此轻灵
轻柔撩起季节的衣襟
撩起的香气令人微醉
一转身
与深邃的成熟
迎面相撞

而秋仍保持炽热
那热血流淌
那丰满迷人
在进行一场悄悄的狂欢
充满诱惑的成熟
暗香浮动
砸满整个大地

153. 苦酒

一瓶二锅头
召集了两个想醉的人
我
和一位朋友
共同品尝那苦涩的酒

那位朋友
是一家小杂志的编辑
谈了五年的女友
今天宣布要离他而去
手里的酒杯还未见底
他的眼泪就开始流离

他说
一个男人的悲哀
就是怎么努力
也无法让物质和爱达到平衡
他说
他妈的

这个社会是否还有真正的爱情

我知道
二锅头无法拯救这一切
只能陪他一杯一杯地饮
那苦酒让他颤栗
后来他说：
你相信吗
我还有信仰
还没有迷失

154. 重阳

不经意的日历
翻到了九月九
没有茱萸
没有同行
独自一人登向高处
低头　于流逝的岁月里
寻觅曾经的足迹
而远方有菊花种在东篱
枫叶正在染着秋天
碧波深处
迁徙鸿雁阵阵
猛然泪眼深沉
远方的老母亲
应在悲凄盼儿归

155. 读你

从一些陈旧的文字里
读你
妄图去找寻从前
但是
每一行都如此空白
每一个字都充满悲伤

古词旧章
底色缀满芬芳
字里有万枝丹彩
行里有美丽月光

那些曾经
在一个夏日
随星稀　随月朗
那时
读你
如读蝶飞蝉鸣
如读流年华光

156. 过红绿灯

道路两旁
昨日的落叶金黄
电话响了
那边冒出的声音哽咽:
小时候
把你从水里救上来的田兵大叔
今天走了……

那边的哭声很长
忽然又沉寂了
如正在横过的
沉默的斑马线
我停在那里　忘记了前行
许多的车灯一齐注视着我
眼里蒙上模糊的光
咸涩的液体溢出
我无力站在秋风的中心
凝固在灯火的中央

157. 额济纳的胡杨

大漠没有孤烟
只有一群树
它们有傲世的悲壮
有千年的美
和千年的惆怅

一年一遇的柔情
拂去风沙和风霜
试问
那些已沉睡了几个轮回的树
为什么还是一直醒着的样子
枝干插入天际
孤独地凝视
荒漠的远方

过客们忍不住停下
听风里关于你的传奇
见证你见证的
那些落日艳丽

那片大漠荒凉

是的
其实你一直醒着
陪伴浩荡黄沙
矗立的骨骼坚韧
经过风雪的雕刻
没有倒下的概念

158. 在一场秋色里同醉

在那秋天的海上
你随青色的潮水而来
将我旖旎地淹没

秋风进行浪漫的修剪
叶子轻如蝶翅
煽动悄无声息
飘落彼此的心动

越过大地蛮荒的孤独
停在情感的荒丘
就这样
我们　在那场秋色里同醉
余生那么短
那场醉很长

159. 一棵树苗

一捆拥挤的树苗
扛在一位老农的肩上
越过蜿蜒的田埂
栽在美丽的湖边

最后还剩下一棵
湖边却没有了位置
老农只好
把它栽到贫瘠的山上
树苗昂着的头倔强

湖边的小树快乐
湖水四季温润
鱼虾时常游荡
路过的少女
羞涩的脸会散发光芒

山上小树唯一的希望
就是雨时不时能够来一场

而雨来时不定
小树只有
努力把根扎进更深土壤

很久之后
老农前来探望
小树成长茁壮
伴着山风　树叶沙沙
正美妙歌唱

160. 梦在低处

土地在低处
庄稼在低处
父母在低处
海棠树在低处
风中喘息的老屋在低处
黑瓦下
蜷在阳光里生病的叔叔在低处
村外那条河在低处
儿时玩伴在低处
童年的青梅
嫁在深山的低处

而我们总是向往城市
向往高处
向往雄鹰翅膀触碰的白云
向往天空自由的风

从此
我们远离故土

失去最初的心
断线风筝坠落
却不是落在同一片大地
落叶迷失了根
生活仍在低处
梦仍在低处

161. 锤子和菊子

1

村外有一条河
锤子用肌肉鼓胀的臂膊
把小石片甩出
激起一连串水花
菊子经常去河边
菊子看水花
锤子看菊子

2

夏风撩河边的草
星星邀约蛙鸣唱
喧闹夜半的田野
菊子在河边突然失了足
锤子捞起了菊子
往肩上一扛　或夹在腋下

往河边草丛一扔
整个村庄就开始摇晃

3

锤子用大花轿抬回菊子
菊子喜欢海棠花
锤子在院子种了一棵
菊子喜欢高跟鞋
锤子去了附近的矿山
想挖很多漂亮的高跟鞋
锤子下了井
井绳再也没有把锤子拉上来

4

菊子哭得撕心裂肺
紧闭庭院的木门
每天不停打扫
一些饥饿的雀鸟飞进院子
找不到想象的谷粒
又都飞走了
菊子一个人躺在床上
就像村外的那条河躺在大地上
菊子想起河里飞溅的水花
望着夜里月亮半弯如刀
她夜夜守着那把刀

5

菊子熬成大娘
菊子大娘给锤子大叔写了一封信:
我写信给你时
海棠花已经开了
一朵一朵
你还能不能闻到?
……
信没有寄出
伴着海棠谢了又开
伴着白发缀满鬓角
伴着皱纹爬满眼眶
菊子大娘站在树下
念了一遍又一遍
念了一年又一年

6

那年秋天
海棠花开得特别漂亮
树下的菊子大娘
再也没醒来

162. 祥子的故事

1

家空了
一个院子三间瓦房
没有灵魂地矗立村口
庭院里那棵海棠树
在秋天黄色的底色里
隐藏一双慈祥的眼睛
那眼睛里只有远方

2

祥子用妈妈织的布做腰带
把自己和城市捆在一起
祥子穿着黄马褂
骑着电单车
在繁华的街上看见我
隔着湍急的车流大声呼喊

游子认出久违的故乡

3

祥子,是锤子大伯和菊子大娘
唯一的生命延续
十六岁那年
祥子不顾在哭泣的娘
去了附近的矿山
下到井里寻觅从未谋面的爹
井绳把他强拉回地面
后来的一个秋天
菊子大娘也走了
院子里那棵海棠树上落满露珠
太阳怎么晒也不干

4

祥子的梦很低　很低
在南方现代的都市里
低到不及五星级酒店的脚趾
低到取款机的耻骨
但是祥子心里有梦
梦里满身明亮月光
随意抽出一根骨头
也闪耀光芒
祥子住在城中村里

穿梭于城市的大街小巷
祥子暗暗地想
偷偷地忙
总有一天
他要带一个城里的她回去
让院子里的海棠
重新开放

163. 诗人和吸血鬼

吸血鬼的长相
憨厚朴实　具有极大欺骗性
它的嘴巴会说甜蜜的话
眼神总是乞怜的模样

而诗人本性浪漫
总爱沉醉在对世界的幻想
以为只要付出爱
就能感化一切

当寒冷的季节来到
吸血鬼在雪地里哆嗦
它早失去世人的信任
把自己作下的恶品尝

而路过的诗人迷惑在某种表象
满眼乞求的吸血鬼
让诗人充满怜悯
他张开自己干瘦的胸膛

为吸血鬼送上温暖
吸血鬼趁机张开尖锐獠牙
吸完诗人的血
心满意足地离去
多么愚昧的诗人
因为对吸血鬼的同情
导致了自己的死亡

164. 所见

霓虹灯荼蘼闪烁
辽阔的购物广场
爱马仕、江诗丹顿售卖奢侈气息
秋风里
颜色丰富的秀发飘扬
空气弥漫暧昧
香奈儿五号气味纯正
卡布奇诺　意大利风情流淌

秋风里有一双苍老的手
与一些被遗弃的矿泉水瓶
和一只黑色塑胶袋发生交汇
那手的主人身影佝偻
矮小卑微
蹒跚的步履缓慢
一步一步
渐渐缩小成街角的微粒
一阵气味混杂的风
重新卷起
直到那微粒渐渐消失

165. 我落足的地方

我落足的地方
必须有湖水
若你从远方归来
可以一洗风尘
有诗在水中沉默
等你裸露的柔情

我落足的地方
必须有盏灯
若那夜幕漆黑
可以照亮颜容
有诗在光线中沉默
照你妖娆倩影

我落足的地方
必须有阳光
若大地冰封
可以温暖血脉
有诗在我的心里沉默

悄无声息

飞往你所有的陆地

166. 指尖的浪漫

指尖跳跃
在五线谱的延音线上
乐曲浑然天成
耳膜瞬间震撼
声声惊艳
心与心的距离
因此变得很近很近
近得只相隔了一个琴键
近得听到心跳的声音
休止符无法休止情愫
唐风宋韵里悠悠飘来温润细雨
干涸的谱表里
长出了云朵
F谱号和G谱号之间
涌出一泓清泉
云朵缥缈　清泉流淌
默默的暖
淌碎了所有孤独
直到秋的一缕清风

吹过无眠的夜
想念好久不见的音符
想着从升调号到降调号
从降调号到升调号
那些节奏的浪漫
正萦绕在升降的指尖

167. 枫

一些人
常用庸俗的词比喻你
比如晚霞　比如烈火
这让清高的你不屑
你选择与霜晶相伴
将那种清冷
融化成炽热的红
那染色的过程忘我超然
最终把秋天感动
后来　你挤干自身的每一滴水分
铺落大地
踩过的人能获得回音
如踩过成群的彩蝶
那彩蝶的血自有韵仄

168. 幸福的紫荆

于温暖时节的晴日
停留于紫荆树下
靠着斑驳木纹
仰望满目繁华烂漫

那树干扭曲得动感
毛茸的叶片鹅黄
五瓣的花朵层次简约
当南风浩荡经过的时候
紫荆花开得幸福
染过的天空高贵
花隙的红日浪漫

169. 天鹅

你在天涯海角游荡
前尘归于日暮
归期遥遥
这人间繁华消逝
你的天涯可曾安好
那相伴看倒影的人
是否还
与你在漠漠水际比肩
比出天堂的模样

不要归来
这凡庸世界
呼唤无力　爱情虚妄
望天边草原荣枯
看露珠遗落星海
天鹅
请朝朝暮暮
留在你们的天堂

170. 远方

远方是不变的梦想
远方是真实的去向

心中有一个远方
身体一直在路上
灵魂与自然对话
追逐天涯
寻觅海角
不知歇息　不知仰望
不再浑浑噩噩
不再跌跌撞撞

远方有山
远方有水
远方无处不在
远方就在前方

请让我　用有限的生命
做一回真心英雄

追逐
无限的远方

171. 你爱我吗

你爱我吗
远方充满芬芳
一株思念
种在时间的长廊

你爱我吗
可否跟紧我的脚步
奔赴那场
关于珠峰的约定

你爱我吗
夏夜里星辰闪光
当我抬头
就能了解你的方向

你爱我吗
我知道
这样问总是徒劳
你是星光

自有别致芬芳
你是我
永远无法抵达的远方

172. 你累吗

你累吗
追寻远方
我真的很累
那夏日里风景优美
少女衣袂飘逸
在我的前方起舞
美轮美奂　令人慌张

你累吗
只能跟夏天的风问起你
它们一直悄悄追随你的足迹
你一直奔跑
甚至忘记回头
背影蔓延成轨迹
我沿着那轨迹前行
固执向你靠近
没有回头的夏天
我真的很累

173. 薰衣草

那紫色太过妖娆
迷蒙双眼
撩动整个大地
撩拨生物心弦

夏风醉了
紫色的仙子群舞
天空改变了颜色

大地的吻迷醉
所有的样子变得深沉可爱
与这紫结下一眼情缘
从此　记挂
牵念

174. 赛里木湖之爱情

穿越千年的眷恋
停留在塞里木湖畔
远处　天山如黛
与湖水的边缘
一起伸入白云蓝天

曾经岁月青涩　阳光柔软
白马高骏
你亭亭玉立
在金黄的花野
少年拉你跃上马背
拥抱里
风萦心
斜阳丝丝
万物雀跃
相扣的十指里有誓言
赛里木湖的爱情
绵延　无边

175. 巴黎

畅游塞纳河畔
被一种异域风情追赶
心变得五彩斑斓
历史的珍珠撒满两岸

蓝色在高脚杯里跳跃
香榭丽舍的街边
微笑与香氛纠缠
在卢浮宫里寻觅维纳斯
与历史耳鬓厮磨
残缺是美好的遗憾

话别一场巴黎的浪漫
归去
不曾回头
把埃菲尔铁塔
藏在背后的时间

176. 蛤蟆对喜鹊的申辩

一只蛤蟆仰望天空
那里一只喜鹊飞过
蛤蟆呐喊的声音嘶哑：

看看
我趴在这草地上
多么微小
是的　我的皮囊难以被人接受
但是　我保持了我的勇敢
不畏惧洪水或蛇带来的灾难

可惜
我的天地如此有限
只能仰望你的飞翔
倾听你的歌唱
我们本一样是芸芸众生
一样平凡

而你如此高调

身姿优美　歌声嘹亮
属于树枝和鲜花
你反衬我的孤独
凝望我永远不能企及的世界

是的　我不能产生嫉妒
是的
你有你的天空
而我
只归属于我的大地

177. 银湖垂钓

夕阳西下
银湖撒满晚霞
波光逶迤灿烂
风过
花香袭人
石栏杆下
翁郁青草缀满
三二友人相伴
踩过路上青石板
撒竿　饵入水
等岁月上钩

178. 520 听

520 听
溪水击山石
合奏关于夏的梦幻

这个日子有无意义
听雨如何解释
叶上发出回声
表达被滋润的爱意
花绽放的瞬间无法探听
我相信　那绝对如春雷
可惊动所有的事物

大树通过拔节来表达语言
像幼儿的骨头
在肉体内疯狂伸展
催人泪下
这尘世因此充满禅意
听得人泪流满面

179. 你是谁

小院清风里
民国画卷徐开
云飞了
涛卷了
淡墨片片
一树海棠明澈妖艳
是画者
是诗客
是才情惊世的奇女子
肤如春雪，眼含秋波
琴音流淌韵味
无须脂粉堆砌
不需浓墨重彩
举手投足如春风，如秋雨
温柔冷艳
那女子禀赋的才情
如熠熠光芒　黑夜无法掩盖

一位徐姓的诗人曾说：

"我将于茫茫人海之中
访我唯一,灵魂之伴侣
得之,我幸
不得,我命 如此而已"

而那女子 你是谁?

180. 李杨桥

1

李杨桥十米
李家铺在东
杨家铺在西
中间一条白水
横在他和她之间

2

白水无德
夏季滔滔阻绝两岸
白水无情
小孩失足瞬间湮灭
后来　李杨二姓
修了一条石板桥
那就是"李杨桥"

3

他住李家铺
她住杨家铺
他十七岁　准备离开家乡
她二十五岁　出嫁
他走的那天
她正在花轿里颠簸
拉开帘幕时
他刚好路过
初见　四目相对
那一瞬间的红
让他久久　不曾回头

4

五年后　他复员回来
他们再次相见
她领着女儿　一脸憔悴
丈夫意外去世
婆家冷嘲热讽
人们冷漠　不闻不问
她独自劳作　哺育孩子
互相依存于贫苦的土地
他四处凑钱
买了一台拖拉机

从部队带回的技术
加上一身壮年的力气
吃苦　吃亏
每日与夕阳同归

5

鄂东南的夏季
气候极端
要么水涝　要么干旱
她在水边浣衣
凶恶白水卷袭
立如飘萍　顺流而下
他刚停下轰鸣的机器
就听到她的呼救
那是第一声　也是最后一声
他来不及多想
立刻跳下白水
岸边乡亲聚集追赶
沿河许里
她和他
随水流湍急　失去踪影

6

她随水一直向下
无稻草可抓

他奋力游弋
固执追逐那件碎花上衣
他们在白水里浮浮沉沉
终于
他抓住她最后一线生机
抱她到生存的岸
用石块催出她腹内的水
催醒她
也催出了她的泪水
她的深情喷涌
亲吻那个舍命救她的人
随后赶来的人们
哗然

7

那个时代　乡村封建愚昧
白水横于其中　流言随波四起
他为她负重　耕种
她为他煮饭
亲手做"的确良"上衣
流言蛊惑婆家兄弟
蛮横的拳头向他无理袭击
她坚持陪伴
他默默承受
不过是
他二十五　她三十三

他们的爱情
阻力是一座座大山

8

她一直未嫁　他一直未娶
他们照顾彼此
白水流淌的流言蜚语
渐渐干涸
他抚养她的孩子
唤着她的乳名
像一个真正的父亲
多年以后
那个女孩走出大山
进入美丽的象牙塔
她总在假期带回新鲜话题：
92 南巡　经济特区
时间就是金钱　效率就是生命
爱就要勇敢地讲出来
……

9

1992 年 10 月 1 日
那一年
他三十五　她四十三
女儿极力架起桥梁

在他们之间的白水之上
从此再无阻拦
他们疲累　安静
一场婚礼的过程
就是　她走过李杨桥
走向李家铺他的家

10

李杨石板桥
只有十米
他和她　却走了十年

181. 2019 年的股市

一个与 K 线有关的春天
确实生机盎然
黄金交叉点散发迷人气息
在海拔 3000 米的地方
火红旗帜插遍

它被冬天颓废的绿压得太久
在那个世界
所有人的脸上
凛冽的痕迹明显
他们都对烛影线的爱和恨
囚禁在最深的黑洞
隐痛难以抚平

还记得
那曾经风萧雪崩的冬天
死亡之线交叉
向下垂直　直至垂直成了悬崖
谁在经历万劫不复

谁在悄悄血流成河

2019 年
春风和烟火同样迅疾
驱赶持久的严寒
如一颗重生的红杉
于十年之后重新恢复颜色
那久远的风景
再次被一双老花的眼睛发现

182. 只为你等候

昨夜的一场大雨
淋湿了爱情
受伤的心装进行李箱
物质截获你的去向
不可控的转身
甩开握不住你的手的手
能握住的　只有春天的记忆
还有一杯苦酒
扭曲着夜色
陪着沥沥的雨
一起哭泣

爱过你已足够
你曾是一颗单纯的种子
只为爱萌芽
你曾是夏日里璀璨的莲
不屑于洁以外的淤

而我以为爱是一种简单

我以为花和叶子
可以一起慢慢变老
可是　红尘蒙住你的双眼
我却惟愿　诗可以掸去你心上的尘土

我手持你的温度
鼻存你发际的香
这存贮，永不磨灭
哪怕，我只是游走尘世的一粒沙
生命却仍有一种坚持
这一生　只为你等候

183. 磁铁

你随便喊出一个日子
我就会立刻回应
那风姿绰约　那妖娆横行
稍微向你靠近
无法控制仰慕

忘掉身份　忘掉去向
在裸露的夜寻找丰润的白
邂逅始于断桥
无能为力创造意义
怕真相折损你的天真
怕旋风让你苍老
黑暗横行　我如此担忧
你的路是否平坦

惆怅　驻足已久
仍然不敢向前
我是一块混沌的铁
如何抵抗磁铁的引力

然而　并不舍得后退
于是　在距你的最后一步停止
让最炙热的夏
压着最满的绿

184. 一壶浊酒

1

在都市的繁华与日子的平凡之间
摆一壶浊酒
推动时光慢慢前行
把短暂的一生
拉长

2

酒香四溢
闻香而来的人
总有些关于酒
或是诗和音乐的共念
酒把夜色彻底解开
旧伤还在　陈疤新鲜

3

沿着酒精魅惑的指引
问天，呐喊
控诉文字如此低廉
酒使夜色豪放
寒士墨客
说起倾慕女子
阵阵心跳重返猛烈

4

他们说人生几何
该对酒当歌
于是暮色里相聚
晨光里告道别
而钢筋水泥的丛林里
缺少万禽飞鸣的天籁
只好就着一壶浊酒
用诗点灯
以梦为马
仓皇寻找　理想的去向

185. 与冬天相遇之后

1

一些文字
镌在秋天的叶子上
那是
为你写的信
只许你一人读

2

雪压枝头的时候
诗和信堆叠的厚度
高出窗台
承受不了你的遥远
雪花有着丰富的语言
并在日落之前
将之安放在　最后的暖意

3

浪花翻开　苏醒
你蜷缩在我不动声色的良愿里
简单的烛光　喜悦摇曳
吟诗　相爱
互为彼此

4

一切太过突然
我决断所有念想
你去到遥远的城堡
否定了夏和秋
回与不回　都是未知
我守住值得赞美的回忆
让枫叶和冬天
隔着风喊话
那话关于远行　关于遗落

5

抒情是多余的
眼神的路线短暂
心的路却遥远漫长
一杯二锅头唤醒全身的眼睛

你搭坐的飞机慢慢变小
机场瞬间变成一个留白的句号

186. 与秋天相遇之后

1

时间悄然走到秋天
海边的那棵树
还坚持留着 尚未消退的绿色
依然想着
飘逸的那一袭
白色长裙
以及茉莉花的味道

2

在秋天
不再保持夏天的矜持
终于说出口
落魄的码头 将痴迷的隐词
从书的桎梏中释放
在诗歌的小船上

织成语言的网
捕捉秋天的风

3

秋风终起
没有错失季节
凉意在黑暗的对面清醒
翻开茉莉的香
读到了　初恋的温度
惆怅烟消云散

4

站在秋的面前
和预订好的满山枫叶一起
听一首红透了的歌曲
秋天伏在我的怀里
丰满的秀色
鼻尖触碰鼻尖
笑与笑重叠
满地红里　那一袭白
如此耀眼

5

你说　如果你愿意

如果爱还在
待我归来　春暖花开
面朝大海
一起宣读　我们的誓言

187. 与夏天相遇之后

1

夏风湿润　阳光炽热
海边酝酿一场盛宴
那袭白色长裙
以及茉莉花的味道
烘托燥热的夏

2

我随心出发
当我踏入海浪里
也踏向通往你心灵的路
从一个陌生走向另一个陌生
一个醒着
另一个还在梦中
只好把夏天
存放在蓄谋已久的故事里

任酒精在浮肿的日子里发芽

3

无论如何　总是要勇敢
沿着风的手指
让波浪折叠成长信
一封封邮递
地址是你的心

4

千万朵浪花欢呼
你的歌声放牧夏天
从眼神到手指
都染上斑斓的色彩
我认真听着
海风如此优美

5

你回避了我伸出的手
海在沉默
波涛仍汹涌
蓝色的夜溜进窗来
把夏和你的味道　斟得太满
谁能知道　海边那棵树

要怎么熬过黑夜
天一亮
树上泪痕明显

6

夏的炽热如此难忘
只是大海
一直沉默不说

188. 与春天相遇之后

1

一颗向往春天的心
在梦里　摸到了一颗珍珠的扣子
小心翼翼地把春天打开
鲜花渐次绽放
酿造一场　集体的香甜

2

身后有人喊我的名字
久违的心跳
回头　春天怀抱着往事
一地的绿
一坡的花
布置了一场迟到的相聚
往事一页页铺开
眼神期待

内心藏着一朵桃花的颜色
未饮酒的春天
面色已绯红

3

一场春雨叛逆
打湿长长的梦境
惊慌失措
在黑暗里互相呼唤
香烟点燃干燥梦想
身体潮湿
却有火苗跳动
互相占领对方的领地

4

决心把春天交出

189. 生与死之间

1

从少年的稚朴
到中年的野心
这是一条跋涉的长路
向高处攀爬,从未停歇
罔顾沿途风光
只为峰顶美景

2

途中　峡谷中行走
听见自己　心跳的回音
看一轮一轮的落日
坠毁在　远处的山崖
来不及心惊
欲望匆匆拨开荆棘,越过陡峭
终于　险峰踩在足下

3

山顶处,蓝天白云
自然成画,漫天的花草
满眼春意　绚烂
千万朵玫瑰醒来
风已醉了,这天上人间
只有一步之遥

4

欲望开始膨胀
舔血于刀刃
假象
刺破泡沫里的五彩
险境丛生,瞬间万变
在峡谷的尽头
一夜间彻底坠落
如乌啼　跌落在谷和夜的深处
那种哀鸣
把即将走进天堂或地狱的赌徒
喊回人间

5

生和死就隔了一层纸

只有一段遗言的距离
一个在谷底重新爬起的人
试着开始复活
对着刀刃般的绝壁
喊出自己的名字,却没有回响
只好与自己瘦削的影子对视
沉默许久

6

那支瘦笔,一直躺在
自己的痛苦之上
山谷在思考,树在嘲笑
饮完烈酒　在夜色里涂写
等待秋天　叶落下时
可把远方的诗句找回
煎熬在凛冽的冬,囚在抑郁的地牢
步伐里理论写满,却总踱回原点
迷失在人间

7

内心的光明
要求索多久
一颗向往春天的心
在暮色里尝试寻找光芒
狠狠闭上眼睛

关闭冬天的漫长

8

在时间的安排下
明白了无常
只是习以为常的相遇

9

拍拍身上厚重的尘埃
沿着来时的长路出发
又一次在高处,焚毁过往
已明白,无论如何弯腰
也再捡不起　身后的脚印

10

低头如诗,抬头是歌
这诗歌满腹　沿着长路铺满
三年后的今天,听到
那曾经迷失在山谷里的回响
它竟然自己回来
还是当年
我喊出的　自己的名字

190. 你要来了

1

习惯　在黑夜里睁着眼睛
看天边的一颗星星
遥望另一颗
它们分踞　在各自一角的天庭
那两颗星星的思念　有多遥远
只要想一想
睫毛下的海洋　开始奔腾

2

肉体内一直潜伏着归意
隔季的花语混乱
开出一地　渴求的红
满目纷杂隐匿
一个比一个长的黑夜

3

床头　昏黄的灯光下
伸出手臂　想象很久以前
你枕着它们到天明的样子
无数黑夜里的孤独
如现在空洞的臂弯
被收进被子里隐姓埋名

4

诸多黑夜漫长　习惯无眠
只好把红酒当你
它每天忙得最多的事
就是亲吻
用血色的醉意将我填平
让我疲惫地趴在梦里　想你

5

梦里　我听到你说
你说　你要来了
那句话点燃烟卷
我狠狠地吸
在等待中　指尖晚霞沸燃

191. 你来了

1

头发已如　老墙一般灰白
仍一直努力
在繁华的黑夜里突围
不悲　不喜
穿过海风卷起的四季尘烟

2

梦里听见你说
你要来了
刹那悟透所有
与夜色相关的悲情
急匆匆地
我背起整个夏日的炎热
奔赴喧闹车站
那个出口　人来人往

我尝尽缓慢的滋味
点燃一支烟
狠狠地吸

3

一袭在心中珍藏了二十年的紫
在我宽裕的文字里追赶
我大声喊出你的名字
你呼吸还带有家乡的气息
那气息急匆匆地奔向我
于静默中　丝丝缕缕地
渗入我的身体
脸贴着你新生的几根白发
和儿子的笑容
一下子找到了爱情的遗址

4

虚伪咬牙强忍
心中一片欢腾
风向路边树枝　不停询问
左手是儿子
右手是你
不理海鸥远去的背影
海边的草地上　阳光荼蘼
你们是现在

你们是回忆

5

这夜洒满月色
覆盖热情晚霞
床单铺陈雪白
如回到最初　回到最浪漫的季节
一场大雨淋湿梦境之后
我很欣慰
身体里的野性还活着

192. 你来之后

1

你眼里的温柔
开在阳台的花朵里
这夏天光芒闪耀
所有灰暗色调退却
我和我们的孩
因那光芒雀跃
唱起家乡失传已久的歌谣

2

因你到了
我内心的颜色
变成了浅浅的蓝
那是海的颜色
那是你赋予我的　宽阔的梦境
如墙角植物新生

填满我往夜空洞的羽翼
让我由低处开始飞翔
不受任何海风诱惑
只朝着　你那让我神往的高处

3

你忙碌于
催促每一粒米成熟
那烟火香气缭绕
向我的文字传递
目光从书房　抵达厨房
你的背影
是一粒在灯下发光的生命体
超越世间所有珍馐

4

坐在阳台的往事里
我们　凝视彼此
那岁月赐予的皱痕
共看窗外繁华
这时光寂静　屋檐无言
四目相视时
微笑有种声音
那声音弧线优美
质地温暖

193. 到来之前

1

为了灵魂之灯不熄灭
我把眼睛押给黑夜
雷电是音乐
万千云朵奔涌　虚设背景
暴雨凄风旋转　致命的眩晕
身体和灵魂
被钉在那夜的梦境

2

灵魂的灯塔
置身梦里某处　荒凉的岛屿
告别白天
告别生命中所有的颜色
穿过拍岸的海浪
那一声声粗暴叹息

3

闪电划破　幽暗的梦
我藏好伤口
用歌声代替呻吟
我骨头坚硬　鲜血灼热
向夕阳洒去一杯酒
坚持每一步
都踩在文明的遗址之上

4

为了灵魂之灯
不惧盛世的骸骨
把夕阳倒入口中
喷着火　裹着你的温暖
在到来之前
准备好一切

194. 当我抵达

1

燃烧的灵魂通红
被礁石和暗滩捧在手心
跨过惊涛骇浪
穿越地狱与阴谋
从开端捧到梦的尽头

2

在荒岛的峭壁之上
灵魂之灯闪亮
精神世界的方圆之地
圈于心底　无声突起
光辉重返
隐秘的呼吸　热烈的心跳
一面仰望
几度轮回的膜拜

庆幸自己
虽失散已久　但即将抵达

3

生命之光
源自灵魂的那一盏灯
若升起
痛苦也歌唱
烈火也飞翔
赤裸裸的透亮
血在涌动
呼唤充满芬芳
抵达　升华
这大地　阳光明媚

195. 抵达之后

1

落花逆了时序　飘零
灯仍需努力找寻
而梦境光着身体
在露珠醒来之前
如期而至

2

从与昏暗的对峙中挣脱
终于找到
走失很久的灵魂
从背后抱紧
身体和灵魂　合二为一
相拥相暖

3

日光每一次落下
我都小心翼翼地收藏
鸟雀飞来　轻盈
不惊扰栖息的分权树枝
阅读一本书
反复默诵它的篇章
遇见孤独和痛苦
就绕道而行

4

抵达之后
与生死之外的一切
握手言和

196. 潮湿地带

1

葡萄树上的诱惑与疯狂
被你随身携带
在某个下午
跳进一个装满缘分的酒杯
伺机点亮了一场宿命
春天的风才依依不舍地离开
夏风　就热辣辣地吹
那零乱了一地的新愁旧恨
顾不上呻吟
就被喧嚣和幽冷的夜色
病成一夜潮红

2

唐诗以燃烧的姿态
和倦鸟一起，在黄昏

互诉衷肠
找到出发之地
在晚霞铺开的往昔里
灵和肉彼此呼唤
亢奋的围栏
挡不住夜的篝火
只好让那个有龙的小屋
在每一个相拥而眠的夜晚
涅槃

3

那条有力的手臂
枕着我的名字入眠
胸口的森林
在你用手指耕耘出的乾坤里
早已迷失
你嘴唇上长出的新芽
很快在我心里繁盛
以最初的绯红　喂养羞涩
仅在数月　就和你一起
建起锦瑟　奏响命运
那些共鸣的音色
无法回头
你不在时
就缠着未来
追问你的行踪

4

你的吻　如石子
惊起一湖春水
直击流年的暗伤
这个夏天　宜产铁骨和柔情
淌出泉水　泌出酒香
好让笔墨以纸砚为友
在寒地
找回失落的火点
点燃未知的灯盏
在没你的夜晚
抖落一身的星光

5

低头
任思念在血脉里流成川
或堆成山
抬头　让眼神化为神灯
寻找那夜你在我耳旁
种下的三字真言
回想　你在我柔弱的心里
埋下的虎啸和龙吟
一步步升腾
抵达白云之巅

一滴迟到的眼泪
照亮了我的天上人间

6

鸟蛙声声　难眠
情愫的火焰　在夜间繁衍
从心口　烧到花间
听《默》　却唤来满城风雨
只为　浇灭一声叹息
举起枪　对准自己
泪是灵魂的子弹
扣动扳机
把自己一次又一次的击倒

罗智勇：误入商圈的诗人

◎文化瞭望记者　刘大创深圳报道

阳历二月，深圳已春意盎然。风柔，阳光暖。蝶舞，燕飞翔。一树繁花，满城芬芳。这季节，真叫人迷醉。

罗智勇的心情，如同这春天，生机勃发。2019年2月28日，二月的最后一天，罗智勇郑重落笔，在中国音乐著作权协会的合同上，签下自己的名字，正式成为音著协的会员。

加入这样的组织，对罗智勇来说，之前非正式、小打小闹的日子，一去不复返了，可以说是他开启音乐梦想之路的里程碑。

"罗智勇"三个字，于我而言，不说如雷贯耳，久仰大名倒是真的。好兄弟、老记陈建平常常在我耳边叨唠，"罗智勇的诗登上国家级刊物了""罗智勇又出新诗了""罗智勇写歌作曲了"……诸如此类，让我起了好奇心，这位大神到底是何方神圣？让一贯淡定的陈老师一而再、再而三的推崇。

说起陈老师和罗智勇的渊源，有些年头了。2012年，陈老师就曾写过一篇《罗智勇：杯小乾坤大，壶中日月长》，斯时罗智勇经销红酒，做得风生水起。说他是武汉红酒界的网红，一点不夸张，武汉红酒市场的大事件少不了他的份。之前的2010年，法国拉菲帝国葡萄酒登陆湖北市场，罗智勇专门请来著名主持人李湘和湖北本土知名人士阿星，主持新闻发布会，即是他的大手笔，至今让人津津乐道。

由经销红酒到写诗写歌作曲，这样的跨界，不说绝无仅有，但做得如此落落大方、坦然自得的，也是少见。陈老师戏言他是"诗人中红酒卖得最好的，红酒界诗词写得最好的。"

戏言仅限戏言，他的努力有目共睹。天天写诗，见啥写啥，想啥写啥，他说他的诗以后要结集成册；写诗写歌，随性而为，诗也能成歌，他说 50 岁前要写歌 30 首，写诗 200 首，要开专场演唱会。

"情感丰沛，待人真诚"，这是我对罗智勇的第一印象。认识他在于陈老师的引荐。大神落入民间，初识的尴尬融化在他的热情中，一如多年老友，甫见面就喋喋不休，话唠门大开。谈过往、谈现今、谈情感、谈友谊，谈酒、论茶、讲死、说生……让人不得不惊叹于他的澎湃激情，感服于他的立新勇气。

罗智勇老家是湖北阳新。彭德怀、王震、何长工等老一辈无产阶级革命家曾在这里生活和战斗，王平、彭方、梅盛伟等 20 多位共和国将军在这里诞生，20 万英雄儿女在这里前仆后继，是全国有名的"烈士县"。

生长在红色土地上的人，骨子里的不安分几乎与生俱来。"会计师""酒商""诗人""音乐人"，罗智勇不断刷新人们对他的印象。

生活，从来不会一帆风顺。红酒市场的风波，股市投资的挫折……罗智勇坦言，失意时他曾想过自杀、一了百了。庆幸的是，挫折舛途没有愚钝他对生命灵慧的感悟，成功坦程也不曾消磨他对生活敏锐的洞察。

如今，"死都不怕"成了罗智勇的护身符、能量棒，仿佛经历了一次整体意义上的脱胎换骨，他的艺术才情得到唤醒和焕新。《时光隧道》《扬帆起航》《真的没有了你》……这样令人耳目一新的歌词，成了他心灵之泉涌流而出的华美诗篇。

阳新是武汉城市圈的延伸,素有"荆楚门户"之称。北宋著名词人苏轼游历阳新,惊叹于景色的秀美雄奇,曾在后山写下"铁壁"二字。其时阳新人对苏轼热情以待,直道:"文星莅临,教益匪浅。"东坡谦对:"莫道教益浅和深,阳新山水唤来人。"阳新山水秀美可见一斑。

也许是家乡的山水濡养了罗智勇的灵性,他的诗词是灵动的、鲜活的。"昨夜的咖啡,悄悄煮沸了梦境""空杯里盛满的灵魂和烛光""任性的倔强枯萎了手中的玫瑰""晨曦的朦光闪醒了双眼""水热情沸腾,以阅读的姿态,把心底的暖,一点点漾开"……这样的词句,他信手拈来。

诗人北岛曾痛心地指出:这是一个没有细节的时代。商业化、娱乐化毁掉了人们生活的细节,我们变得急迫、功利,而不愿意停下脚步来细细品尝生活的真谛。罗智勇是清醒的、敏感的,在于他不断捡拾那些不为人注目的生活细节,试图通过自己努力,为诗坛带来一股清流。于他来说,生活处处是诗,一盏茶、一餐酒、一次探访、一场舞会,皆能触发他的灵感和思考,下笔成诗。

正如爱尔兰诗人威廉·巴特勒·叶芝所言:"我们所做所说所歌唱的一切都来自同大地的接触。"罗智勇的诗歌是接地气的,他的词句舒缓流畅,把娓娓道来的精致铺写成笔墨诗词,楼头画角、新欢旧尘、欢喜辛酸……入得行云流水、不动声色。罗智勇说每一首歌后面都有一个感人的故事。这话我信,只有时常被感动的人,才能写出感动他人的诗句。

作为一个诗人,无论你是什么风格,诗性肯定是第一位的。但也有例外,像罗智勇这样的诗人,其生活性却是大于诗性的,甚至可以说诗性只是他文艺生活的一种延伸。一杯咖啡,一杯酒,于他是诗歌的存在,即便只是在心底吟颂,只要他的诗歌在，他的文艺生活就在，而他也同样能把自己的生活，活得像一首诗。诗对罗智勇来说，好比人生旅程的一次循环，一次意料之中的回归。

作为一个音乐人，曲风是最重要的护身符或标志。这对罗智勇而言，却显得不那么重要，诗性化的语言就是他的风格，他无须绞尽脑汁，迎合他人。

罗智勇活得通透，玩得尽性，学得尽力。他不惧年龄，拜名师，学习乐理和声乐，一周5天，一天5个小时唱歌，坚持不懈。他说人生就是不断学习的过程，勇于担当责任。他活得认真，写诗写歌，因为喜欢而付出，因为热爱而坚持。

他，是一个误入商圈的诗人、音乐人。"误入尘网中，一去三十年"，陶渊明在《归园田居》中所写，不正是罗智勇的写照？此诗末一句为"久在樊笼里，复得返自然"，或许也是他的追求。

追梦路上，路途漫漫。在未知的远方，愿他能被岁月温柔以待，愿他光光溜溜潇潇洒洒地活、坦坦荡荡从从容容地写。"一路还要走多久，你攥着我的手，让我感到为难的，是挣扎的自由……"明媚阳光下，罗智勇的歌浸入我的心田。

罗智勇：饮下一杯会说话的茶

◎甘利英　原载于2019年5月16日《中国文化报》

天下之诗，可以兴，可以观，可以群，可以怨；可以梦为马，也可走马以粪。

罗智勇多情。他的诗，少怨世事，多兴爱情。情之于他，如空气，不可或缺。茶余饭后，行走住卧中，他常情难抑，诗兴大发，仿佛诗就在那，等他俯首即拾。一旦拾起来，便肆意喷发，不事雕琢，到处都充满了大自然的气息。乍读其诗，文字澎湃时，如繁花盛开，广采日月，朵朵艳丽；感情炙热时，如惊涛骇浪，排山倒海，席卷晨昏；心思绵密时，如切如磋，如琢如磨，每一次惊艳相逢，都如灵魂初见，让他奋勇逐浪，执着前行。

好的诗歌，像一道光，让人眼前一亮。初读罗智勇诗集《一杯会说话的茶》，这道光并没有骤然出现。也难怪，他写诗，情绪来了就写，写完就发，从未想着精雕细琢。所以读他的诗，会被其情感裹挟，甚至透不过气来，在正要放弃阅读的时候，这道光豁然眼前，让人惊叹不已，仿佛守到云开，红日出世，所有因跋涉而生的疲惫，顿时一扫而光，心里一下子亮堂起来。

他拥有多重身份，高级会计师，音乐人，诗人……每一种身份都不可小觑，可当他以诗人身份亮相时，其他的身份都可忽略不计。他好红酒，爱音乐，更喜香茗。在音乐中，以酒酿情，酒便是情感的催化剂；以茶入诗，茶便成了他情感的代言人。品他的诗，得要会品酒，更要会品茶，观其形，察其色，闻其香，而后才知其味。

"其实我是一片叶子/历经风雨沧桑/我蜷缩成小小的颗粒/把唯美的爱情/隐藏在颗粒的折缝中/只是一刹那/我跳入你的世界翻腾，踊跃/你用最甜美的歌声/将我的身体和灵魂一点点打开。"

进入扉页，从饮下第一杯会说话的茶开始，我就随着那片叶子在期待。像一个天还没亮就急着赶集的人，踏着夜色，走在曲曲弯弯的山路上，期待黎明的第一缕曙光，希望文字的薪火，如黎明，能够迅速点燃。

曙光未现，但茶香脉脉，情韵幽幽。他在酒的猩红和深沉里，发现诗心在搏动，从茶的伸展和跳跃里，看到诗眼在探索。这个情感细腻的男人，心思跳跃，触角敏锐，铁了心要在诗歌的园地里，博得一席之地，好让情执的种子破土而出、狂野生长。

听，这第一杯会说话的茶，絮絮叨叨说离别，说一见钟情，说两情相悦，让人听得有些眩晕。

"藤蔓绕树/新绿换旧颜/一盏春茶，茗香浓郁/一袭佳人，馨香盈袖/炎炎夏日/奏一曲闲情逸趣。"再听第二杯会说话的茶，说偶遇，说江湖，说离愁，听得人心有所动，但仍会眩晕。

再来，听第三杯会说话的茶。这一次，说的是磨人的暗恋，是求而不得的失意，是相思相望不相亲的万般惆怅。听着听着，一道光突然出现了——

"冲着你的方向喊你的名字/院里的梅花突然竞相开放/将我此刻的相思/一语道破……"忍不住拍案叫绝，共鸣之音终于出现了。这一杯茶，终于大胆说出心中隐情，道出相思况味，让读者听到杯子掉到地上时"咣当"那声碎响，大呼畅快过瘾。

碎响过后，光芒绵绵不绝。第四杯会说话的茶，又将带来什么样的惊喜呢？

"一片漂浮的绿茶/吸纳着黑夜的疼痛/水和被沸腾的绿色一起放逐/失去灵魂和颜色的叶子/害怕被杯子遗弃/努力将肉体紧紧贴在杯壁上。"这杯会说话的茶,说塞外飞雪,说烟雨巷陌,说天涯孤旅,仿佛春天被唤醒了,听什么都是生机和传奇。作者像一位顿悟的行者,得到某位高人的加持,突然间获得一种神秘的力量,摇身一变,竟超凡脱俗,化腐朽为神奇。

这简直是冰火两重天,判若两人的文字书写,开始置疑,这是一个人吗?带着疑惑,走近罗智勇。那时,他刚做完一个结石手术,手上还带着医院给病人戴的塑料环。听他说,随后他还要再回到医院,做第二个结石手术。我想,此时,他是一个病人,而且是一个有诗人"神经质"特质的病人,我们得小心翼翼,别触痛诗人敏感的神经。

想不到的是,眼前的他,不仅神采奕奕,而且思维敏捷,讲起话来,竟像一个演说家,滔滔不绝,一开口,就是对人生的一番精辟见解。

"我在三十几岁时,患过一次重病,出院后悟出一条规律:人生是一趟旅行,终极意义是快乐。所以人生的定义是:人生是一趟快乐的旅行。要实现这趟快乐旅行,得满足两个条件:第一,物质需求,第二,精神需求。实现物质需求,必须在这个世界上找到一个能够发挥自己智力或体力的位置,而只有不断学习和提高,才能在这个位置上最大限度地实现自己的价值,更多更快地满足自己的物质需求。而精神需求的满足,更多体现在人际关系上:在家里,被亲人需要;在单位,被同事需要;在社会,被朋友需要。只有当这两项需求都得到极大满足之后,我们才有资格拍着胸脯说,我是一个真正有用的人。"

此言一出,语惊四座。大家纷纷总结,他是一个感性十足的诗人,是一个收放自如的音乐人,是一个思维缜密的会计师……

法国浪漫主义作家雨果说,开启人类智慧有三把钥匙,那就是音乐、文字与数字。能拥有其中一把便是幸运,拥有两把是大幸,而他,同时拥有开启智慧的三把钥匙。在我们都以为罗智勇偏执之时,他正手握三把钥匙,无拘无束行走在诗歌的国度里,天马行空,畅行无碍。

情动于中而形于言。罗智勇以充沛的精力,丰富的想象力,捕捉每一次心跳,聆听每一次花开,像拥抱阳光和月色那样,真诚拥抱每一次不期而遇的惊喜和感动。情结心中,不写不快,遇到一次写一次,从不拖延,从不隐晦,直抒胸臆,纵使情意绵绵,也绝不九曲回肠。文字粗粝,瑕瑜互现,让你欲罢不能,欲舍难弃。

红酒,茶,咖啡,草原,音乐,鲜花与四季,天涯与芳草……他深情款款,任思绪在各种意象里肆意流淌,果真如刘勰在《文心雕龙·神思》中所说,"登山则情满于山,观海则意溢于海。我才之多少,将与风云而并驱矣。"

我才之多少,将与风云而并驱矣。罗智勇创立了几家公司,事业做得风生水起,虽然中途遭受重创,但涅槃之后智慧大开,脱胎换骨,突然悟透繁华与落寞,开始写诗、填词、作曲。他制定了清晰的目标和计划,一头扎进去,便只管目视前方,无惧来路。

"智勇"之名,他当之无愧。他说虽不是中文科班出身,却善于观察和总结。对于怎样才能写好诗,他自有一番独到的见解:写诗,一定要有痛苦和抑郁的情绪,要有丰沛的感情,要有文字功底。大痛苦,大文章;小痛苦,小文章;没有痛苦,就不写文章。他的诗,多源于此。

叶芝说,穿过我青春所有说谎的日子,我在阳光下抖掉我的枝叶和花朵,现在我可以枯萎而进入真理。

罗智勇如是。